知らない日本史

知らない日本史

歴史の細道チャンネル

UNKNOWN
JAPANESE
HISTORY

マイナビ

みなさ〜〜ん!!
織田信長って知ってますよね〜〜
もちろん!
あったりまえ〜〜♫
ペラリ
天下布武でしょ〜
桶狭間の戦い、
比叡山焼き討ち、
楽市楽座
あとは〜
ペラ ペラ
じゃあ、信長の死後、子どもたちがどうなったか知ってますぅ〜?
長男から11男までいるのよ
えっ!?
えっと……
し、知らない……
じゃあ、明智光秀は、知ってますよねっ!!
くるり
ハッ!
もちろん!! 本能寺の変っ!
じゃあ、明智光秀が和歌やお茶をたしなんでたってことは知ってますよね〜
コクリゴクゴク
サラリサラサラ
知らない
ちっ
じゃあ、愛妻家だったってことは?
知らない

そんでもって、光秀ったら実は江戸時代まで生きていたって説もあるのよ〜

知ってた？

ウフフ
ピィッ！

知らないよもう〜

プンスカ
ちょっと！

ちょっ待って！ちょ
ねぇ
ねぇ、
武田信玄の弟は知ってる？

永遠のナンバー2って言われてる武田信繁よぉ〜

オレ！

豊臣秀吉の側室の一人には戦う美女、甲斐姫がいるのよぉ〜

もう知らないったら知らなあい〜〜〜っ!!

だれ〜

誰？

どなた？

あなたは誰？

who are you?

日本史には学校で習った何十倍、何百倍もの人物がいて、ストーリーがあります。その中には、歴史のメインストーリーよりもずっと面白いものもあるんです！

さあ、歴史の大通りの脇にある歴史の細道を歩いていきましょう！

ウフフ
アハハ

目次

第1章　戦国武将の子孫たち　005
第2章　戦国武将の弟たち　033
第3章　戦国の強き女たち　067
第4章　戦国〜江戸時代の謎　107
第5章　戦国時代のダークヒーローたち　149
第6章　戦国時代の忍者たち　183
第7章　知る人ぞ知る戦国のサイドストーリー　211
第8章　戦国武将の辞世の句　245

第1章

戦国武将の子孫たち

織田信長の子孫

本能寺の変以降の織田の血筋を追う

第1章では有名な4人の戦国武将の子孫について紹介していきます。トップを飾るのは戦国時代のスター、織田信長です。みなさん、織田信長のことはもちろんご存知だと思いますが、その子どもたちについてはほとんど知らないのではないでしょうか？

信長は多くの子どもを持っており、分かっているだけでも男子は11人おり、女子は6人、8人、12人といくつかの説が伝わっています。

さて、信長の子どもたちやその子孫は本能寺で信長が亡くなった後、どのように生きていったのでしょうか。

本能寺の変

1582年6月2日、織田信長は天下統一を目前に、明智光秀の謀反により京都本能寺で炎の中に倒れます。

嫡男である信忠《のぶただ》も明智勢に攻められ二条城で自害、信長の五男の信《のぶ》房《ふさ》と末弟の長利《ながとし》も、二条城で戦死しています。弟の長益《ながます》は、無事二条城を脱出しました。

戦国スター
ODA信長
だっ!!
フェイ
呼んだ？
フェイ
フェ〜イ
お屋形さま
キャ〜
キャ〜

二男の信雄《のぶかつ》は居城の伊勢松ヶ島城に在りましたが、蒲生賢秀《かたひで》から救援要請を受けます。信雄は救援要請に応えて近江国土山に陣を構えますが、光秀死すの報を聞くと、伊勢国に引き上げてしまいました。

三男の信孝《のぶたか》は、摂津国住吉浦で四国出兵の準備を進めていましたが、信長倒れるの知らせで崩壊していく自軍を留められません。毛利討伐から引き返してきた豊臣秀吉に拾ってもらい、山崎の戦いに臨みました。

残ったのは三家だけ

信長の嫡男は信忠。その信忠の嫡男が三法師です。三法師は秀吉に担がれて織田家の後継者となり、秀吉の一字を与えられて秀信《ひでのぶ》と名乗ります。

1592年、13歳で美濃国13万3千石と、岐阜城を秀吉から与えられます。13歳で城持ち大名ですから大切にされているようにも見えますが、あくまで秀吉の下の一大名としての扱いでした。

1598年に秀吉が亡くなり、やがて世は関ヶ原の戦いへなだれ込んで行きます。

秀信は石田三成に誘われ西軍に加担し、東軍を木曽川で防ぐ働きもありましたが、敗れて岐阜城に籠城、福島正則・池田輝政の攻撃を受けて落城

家系図

織田信長

- 長男 信忠
- 次男 信雄
- 三男 信孝
- 四男 秀勝
- 五男 信房
- 六男 信秀
- 七男 信高
- 八男 信吉
- 九男 信貞
- 十男 信好
- 十一男 長次

します。

自害しようとする秀信を正則が押しとどめ剃髪して高野山に入りますが、1605年5月8日、同地で亡くなりました。信長の跡取りに担がれながら26歳の短い生涯でした。

また、秀信の弟の秀則《ひでのり》は、1625年に京都で死亡しています。

こうして関ヶ原戦後信長の嫡孫秀信の家系は断絶しました。

大坂の陣の後も残っていた信長の息子たちの家は、次男の信雄《のぶかつ》、七男の信高《のぶたか》、九男の信《のぶ》貞《さだ》の三家だけでした。

それ以外の信長の子どもたちは、四男の秀勝《ひでかつ》が1585年に、六男の信秀《のぶひで》は某年《ぼうねん》に、八男の信吉《のぶよし》が1615年に、十男の信好《のぶよし》が1609年に、十一男の長次《ながつぐ》が1600年に、それぞれ亡くなっています。

◎江戸時代、大名として生きる

1615年の大坂夏の陣以降、徳川氏は禁中並公家諸法度・武家諸法度・一国一城令を次々に制定し、藩領主階級を支配・統制する体制を固めます。

織田系は、松山藩の信雄と旗本の信高・信貞です。その他には、信長の兄弟の子孫で生き残っているものがいました。

この後江戸時代を通じて信長の血筋の旗本・大名たちも、他の大名たちと同じように、分家・断絶・国替え・所領安堵などを繰り返します。幕末に残っていた織田系の大名藩としては、信雄の血筋の天童藩（山形県天童市）と柏原藩（兵庫県丹波市柏原）、二条城から脱出した信長の弟で、茶人としても名高い織田有楽斎長益の血筋の芝村藩（奈良県桜井市）と柳本藩（奈良県天理市）の4藩がありました。

回 幕府につくか、新政府につくか

1867年10月14日、15代将軍徳川慶喜《よしのぶ》は大政奉還を行いますが、彼は新政権下でも権力を握ることを狙っていました。対して朝廷は、翌15日には10万石以上の大名を招集し、25日には諸大名に対し、11月に朝廷に参内するよう命じます。

旧幕府か朝廷のどちらに帰属するのか、大名たちは選択を迫られました。

ここで信長の末裔たちはどう動いたか？

丹波国柏原藩主織田信親《のぶちか》は新政府命令に従い、11月6日江戸を発って朝廷に向かい、19日に山城国郊外に着きます。

しかし柳本藩主織田信成《のぶしげ》と芝村藩主織田長易《ながやす》は病気を理由に上京延期を申請します。

天童藩主織田信学《のぶみち》も、病気を理由に長男信敏《のぶとし》を参内させるなど、新政府命令に消極的でした。

それぞれで意見が分かれたのです。

王政復古の大号令

新政府は徳川を排除するため、12月9日王政復古の大号令を発します。対して慶喜は、年明けの1月1日、討薩の表を朝廷に逆提案。これが引き金となり3日には、鳥羽・伏見の戦いが始まり、戊辰戦争へと発展します。この知らせを聞いた柏原藩主信親は、直ちに入京し、朝廷から公卿の警護と比叡山白川越えの警備を命じられます。

初めは新政府の要請に消極的だった柳本藩主信

信長の子らは、いろいろあって
残ったのは、
次男 信雄
七男 信高
九男 信貞
三家だけだ!!
NOBU KATSU
NOBU TAKA
NOBU SADA
ODA NOBU3!!
江戸時代になり、織田信長の血筋の旗本、大名たちも他の大名たちと同じ扱いに…
イラッ!!
なんだ!とぉ〜〜!
同じぃ〜〜!?
しっかし、鳴かないな〜ほととぎす
めぇ〜 鳴けよ!! 切るぞ!!

成も老臣を入京させ、新政府支持の態度を明確にしました。両藩は藩兵を出し、鳥羽・伏見の戦いに敗れ落ちて来る旧幕府軍を見張りました。

残った芝村藩主長易は7月に神武天皇陵修補を、柳本藩は10月に崇神・景行両天皇陵の修補をそれぞれ朝廷に願い出て許されます。

時代ははっきり新政府に変わり、旧藩主たちは生き残りを図って懸命アピールです。

近代国家の支配階級に

出遅れていた天童藩主信学ですが、1869年に朝廷から、先祖以来格別の家柄につき、すみやかに上京して御用を伺うよう催促されます。

信長の威光がまだ生きていました。信学は息子の信敏《のぶとし》を入京させます。

朝廷は東北の鎮圧を目的として設置した奥羽鎮撫総督の先導役を天童藩に命じます。先導役を任された信敏ですが、この後新政府軍から寝返り、奥羽越列藩同盟に参加し新政府軍と戦ってしまいます。その結果東京で謹慎を命じられ、天童藩は2千石の削減、信敏は隠居させられ弟の寿重丸《すえまる》が家督を継ぎ1万8千石に落ち着きました。

明治政府は1884年に華族令を定め、公侯伯子男の五爵を制定します。

これにより織田四家の信敏、信親、そして長易の息子の長純《ながずみ》、信成の弟の信及《のぶひろ》が、それぞれ子爵の爵位を授けられました。

明治まで生き延びた織田四家は、こうして貴族院議員の選出母体として、近代天皇制国家の支配階層に組み込まれていきました。

大谷吉継の子孫

関ヶ原から幕末・白虎隊まで

今回は、大谷吉継の子孫について紹介します。

病と闘いながら豊臣秀吉の家臣として活躍し、秀吉をして「100万の軍勢を預けたい」と言わしめた大谷吉継。

軍略家としての能力のみならず、領主としても素晴らしい手腕を発揮しました。

また、関ヶ原の戦いでは親友である石田三成を「勝てない」と説得したにもかかわらず、友の覚悟をみて西軍参加を決意。関ヶ原で敗北すると自害したとされています。

謎の多い武将である点や、信義の厚さ、高い能力など歴史好きをくすぐる大谷吉継ですが、ここではそんな吉継の子孫についてご紹介します。

長男…吉治

吉継には吉治《よしはる》という息子がいました。吉継は関ヶ原の戦いの際にはかなり病状が悪化していたとされており、1597年に豊臣秀吉や徳川家康らと行った饗宴の際は、吉治が代わりに対応したとの記録があります。

吉治は関ヶ原の戦いでは父親と共に西軍側で参戦しています。戦場で自害することになった吉継ですが、吉治は戦場から離脱し、領地であった敦賀《つるが》へと落ち延びました。

再起を図ったものの断念し、大坂の陣の際には大坂城に入城。豊臣方として参戦しました。義理の兄でもある真田信繁《のぶしげ》と共に奮戦するものの、天王寺・岡山の戦いにて討ち死にしたとされています。

また、吉治には吉之《よしゆき》という息子がいたようですが、吉之は帰農、つまりは農民になったとのことです。当時の農民に関する史料はほとんど残されていませんので、この系譜をたどることはできません。

◎次男…頼継

吉継の次男が頼継《よりつぐ》です。秀吉から寵愛されていたことから、木下姓を名乗ることを許されていたとか。

父親同様、関ヶ原の戦いに参陣。戦死したとの説もあれば、戦場を離脱して越前に逃れたものの、そこで病死したとの説もあります。

頼継の子どもの存在も確認できないため、こちらの系譜もこれ以上は追うことができません。

◎三男…泰重

吉継の三男は泰重《やすしげ》。長男・次男は関ヶ原に参戦したことは分かっていますが、三男の泰重に関しては関ヶ原の戦いに参戦したのかさえ分かっていません。没年も不明ですが、この泰重の息子の重政《しげまさ》が「大谷丹下家の祖」とされる人物で、福井藩に出仕したのが1626年との記録があります。そして、この系譜が長く続くことになります。

重政が福井藩に出仕した際、大谷吉継の孫であることを聞いた土井利勝《としかつ》は「家康公が聞いたら喜ぶだろう」と言ったとか。

関ヶ原では敵味方に分かれた徳川家康と大谷吉継ですが、そもそも大谷吉継が西軍に味方したのは、家康の会津征伐に三成の息子を参陣させ、家康と三成を仲直りさせようと画策していたため。つまり、吉継と家康の間には軋轢のようなものはなかったので、土井利勝からこのような言葉が出てきたのではないかとされています。

大谷吉継の孫である重政は福井藩に出仕すると、

長男
吉治《よしはる》
天王寺岡山の戦いで
討死
ちっきしょう 頼継いいなー
ちぇっ
その息子吉之は農民に。
おまえ、いい奴だもんな。
HIDEYOSHI
木下って名乗っていいよ〜
えっ!?
いいんですかー!?
次男
頼継《よりつぐ》
キャッ♡
木下ぁ頼継ぅ
三男
泰重《やすしげ》
ぼんやり
謎
関ヶ原の戦いに参戦したのかしてないの…
没年もいつなのか不明…

この系譜は家老も輩出するなど名家として存続することになります。

白虎隊と大谷吉継

戊辰戦争の際、大きな軍事衝突があったエリアと言えば会津です。白虎隊の話は有名ですが、飯盛山で自刃した19名の1人、津田捨蔵は大谷吉継の子孫との説があります。

津田家には吉継のものとされる甲冑が伝来していたとのことなのですが、残念ながらどの系譜の子孫なのかまでは定かではありません。特に重政系に関しては、福井藩でもそれなりの地位にいましたので子どもが多くいてもおかしくはありません。さらには江戸時代においても養子縁組は盛んでした。そのため、重政系の男子が何らかの形で会津に移動することとなり、その際に吉継伝来の甲冑を渡したと考えても決して不思議な話ではありません。

この点に関しては今後、何らかの史料が発見されることを願います。

まとめ

大谷吉継の系譜は、幕末まで残されていました。つまり、今日にも続いている可能性は十分にあります。

系譜の祖でもある泰重は、戦国時代に何をしたのかは分かっていません。しかしその息子が福井藩に出仕したことで、系譜が続くことになりました。つまり、家が続くかどうかは、運の要素も強いということでしょう。

戦国時代に武功を重ねたものの、現代社会はおろか幕末の時点でも残っていない家も多々あれば、戦国時代のネームバリューはそこまではないものの、幕末、さらには現代まで残っている家もあります。

戦国武将は、家を残すべく奮闘していましたが、これらの事実を考えると、家を残すことは本当に難しい時代だったのだなと実感させられます。

竹中半兵衛の子孫

現代も続く人形制作

今回は、竹中半兵衛の子孫について紹介します。

豊臣秀吉の天下統一は、自身の才覚もさることながら優秀な部下に恵まれた点も大きかったことでしょう。

人たらしと呼ばれる抜群のコミュニケーション能力がそうさせたと考えることもできますが、特にその力を発揮したのが「両兵衛」と称される黒田官兵衛と竹中半兵衛です。

竹中半兵衛は軍師として数々の戦で勝利をおさめ、秀吉の躍進を支えましたが、残念ながら1579年に亡くなってしまい秀吉の天下統一を見ることはありませんでした。

ここでは天才軍師・竹中半兵衛の子孫に迫ってみましょう。

息子は重門

竹中半兵衛には重門《しげかど》という息子がいました。1573年に生まれ、幼くして半兵衛は亡くなりますが、半兵衛の従弟である竹中重利《しげとし》の後見を受けて秀吉に仕えました。

小牧・長久手の戦いには12歳で出陣。その後、小田原征伐や文禄・慶長の役にも参戦しています。

関ヶ原の戦いでは元々西軍についていたものの、井伊直政《なおまさ》の導きによって東軍側に。幼馴染でもある黒田長政と協力して戦い、伊吹山に潜んでいた小西行長を捕縛するなど勲功を重ねました。

徳川の時代になると大名ではなく、旗本として大坂の陣にも参加。その後、1631年に江戸で亡くなっています。そんな重門の息子ですが、庶子であった重次《しげつぐ》は長政との縁から黒田家に重臣として仕えることになりました。

江戸幕府の交代寄合として幕末を迎え、その子孫は岐阜県の県会議員も務めたようです。

タイミングが命運を分けた

竹中氏の石高はおよそ6千石。つまり、大名ではなく旗本でした。しかしながら交代寄合として、大名同様参勤交代を行っていました。6千石という石高での参勤交代は名誉ではあったものの大きな負担になったため、内情は苦しいものだったのではないかと考えられます。

このような結果になってしまったのは半兵衛の息子である重門の才覚よりも、半兵衛の亡くなったタイミングの問題が大きいのではないかと言われています。

竹中半兵衛は1579年に病没。この時点で秀吉は織田家の家臣でしかありませんでした。この点が黒田官兵衛との大きな違いです。官兵衛は秀吉が天下統一するまで存命でした。むしろ秀吉よりも長生きしているほどです。

つまり、秀吉が天下人となり、日本という国を思いのままにできる時まで生きています。官兵衛は九州に領地をもらい大名となりましたが、半兵衛は自身が大名になる前に亡くなってしまったのです。

そのため、息子である重門は「大名の息子」になることができませんでした。もしもですが、半兵衛がもっと長生きしていれば、官兵衛程度の領土はもらえたことでしょう。しかし、現実的には関ヶ原の時点で重門の石高は美濃の5千石と、文禄・慶長の役での勲功で加増された千石を加えた6千石程度。これでは多くの兵士を動員できません。関ヶ原本戦に参戦していたとはいえ大名化は難しく、江戸時代には旗本、交代寄合として家を続けていくことになりました。

幕末から現代まで

竹中氏は江戸時代、問題を起こすこともなければ逆に何かを残すといったこともなく、家が続きました。しかし幕末になると、大きくクローズアップされます。

戊辰戦争の口火を切った鳥羽・伏見の戦いで、幕府側の陸軍奉行として軍を率いたのが当時の竹中家の当主である竹中重固《しげかた》だったのです。

重固は長州征伐や天狗党征伐でも活躍しましたが、養父の説得もあり投降しました。領地は没収され、北海道に入植し1891年に亡くなりました。

重固には3人の娘がいたのですが、その一人「鶴」が人形制作を始めます。

当初は内職程度のものだったようですが、その技術が受け継がれ人形作りで生計を立てるようになりました。ちなみにその屋号は鶴屋半兵衛。鶴と半兵衛双方の名前を取り入れた屋号で、現代でも人形作りを行っています。

竹中半兵衛は側室を持たず、正室のみで息子が一人しかいませんでしたが、その一人から現代まで系譜はつながっています。

◎半兵衛の従弟　竹中重利

前述したように竹中半兵衛の息子である重門の後見人は半兵衛の従弟である竹中重利でした。その重利は1594年に豊後高田にて1万3千石を加増され、大名となります。

文禄・慶長の役では先手衆軍目付6人衆の一人となったり、従五位下伊豆守に叙任されるなど、それなりの地位を得ていたようですし、秀吉が亡くなった際には遺物義光の刀を受領しています。

関ヶ原の戦いではその恩義からか当初は西軍についていたものの、黒田官兵衛の誘いにより、東軍に転向。所領を安堵されました。そして豊後府内2万石に加増転封されると、現在の大分市の基礎を築いたとされています。

１６１５年に重利が亡くなると、長男の竹中重《しげ》義《よし》が跡を継ぎます。重義は長崎奉行に着任するなどそれなりの信任を得ていたようです。

しかしこの長崎奉行への着任が運命を左右することになります。

江戸幕府が鎖国令を発令した際、重義は密貿易などの職務上の不正を疑われ、処罰されてしまったのです。改易されただけではなく、自身と嫡子が切腹。他の一族は隠岐に流罪となり、府内藩の竹中氏はここで断絶してしまいました。

長宗我部元親の子孫

四国を制した男の末裔

四国の雄・長宗我部元親。

長宗我部氏第21代当主で、四国の雄として知られる有名な戦国大名です。のちに豊臣秀吉の四国征伐に降伏し、秀吉の命令で島津征伐、小田原征伐などに参陣、1599年に亡くなりました。

ここでは、四国をおさめた長宗我部元親の子孫6人がどのような運命をたどったのか見ていきましょう。

長男　長宗我部信親

長宗我部元親の嫡男であり、幼少時から聡明で元親の寵愛を受けていた信親《のぶちか》。幼いころから長宗我部家において大きな存在感を放っていました。元親は信親のために学問・武芸の師を遠国から招いて英才教育を施したといわれています。

将来を嘱望されていたからこそ戸次川の戦いでの信親の戦死は元親にとってあまりにもショックで、このことが長宗我部家の運命を変えたといっても過言ではありません。

信親には女子がいたようで、この女子は弟の盛親の正室となりました。これは元親の意向で、優秀だった信親の血統を絶やさないためだと言われています。

元親がどれほど信親に期待していたかがわかるエピソードです。

◎次男　香川親和

元親の次男は香川親和《ちかかず》。名字からもわかるように、香川家に養子に出されています。その後、秀吉の四国征伐

を受けると豊臣家へ人質として送られることになりました。

1586年には長宗我部家に戻ります。信親が亡くなった際、秀吉は香川親和に家督を継がせるよう朱印状を出したものの、元親が拒否したとの逸話もあります。ほどなくして親和は20歳の若さにて亡くなりました。この死亡に関しては、家督を相続できなかったことがショックで病気になったとする説、家督相続が無理となったことで断食して死亡した説、元親による毒殺説などいくつかの説があります。

◎三男　津野親忠

元親の三男として誕生した津野親忠《ちかただ》は、養子に送られ津野家の当主となりました。秀吉の四国征伐を受けると、次男の親和と同じように秀吉の下に人質として送られます。

人質時代には藤堂高虎と懇意だったようですが、その点が父である元親から忌避されたようで、やはり家督を継がせてもらえませんでした。さらには元親によって幽閉されてしまいます。

関ヶ原の戦いでは当主となった四男の盛親が西軍についたことを徳川家康に謝罪し本領安堵を願ったものの、久武親直《ひさたけちかなお》が、「藤堂高虎と共謀して土佐半国を支配しようとしている」と盛親に讒言《ざんげん》。これを受け、盛親は兄である親忠を殺害してしまいます（久武親直が「盛親の命令」との大義名分を捏造して殺害したという説もあります）。

◎四男　長宗我部盛親

四男の盛親は、長男・信親の死後、跡継ぎに指名されました。

小田原征伐や朝鮮出兵にも次期当主として参戦。関ヶ原の戦いでは西軍に与したものの、関ヶ原の本戦では前に陣取っていた毛利隊が動かなかったことから戦闘に参加することなく土佐に帰還することになりました。結果、土佐は没収されてしまいます。

その後は京都にて牢人生活を送っていました。

大坂の陣が起きると豊臣側に参戦。八尾・若江の戦いでは奮戦したものの、八幡にて捕らえられ処刑されました。

盛親は、先述のとおり兄・信親の娘を正室とし、5人の男子を設けました。

長男の盛恒《もりつね》は大坂の陣に参戦したものの、父と同じく落城後に捕らえられ、処刑されました。四男・盛定《もりさだ》、そして名前不詳の五男も同様に落城後に捕まり、処刑されています。次男の盛高《もりたか》、三男の盛信《もりのぶ》は土佐まで逃れたようですが、土佐の領主である山内氏の手によって処刑されました。

また、長男の盛恒には盛胤《もりたね》という息子がいましたが、やはり大坂城落城後に捕らえられ、処刑されました。

これにより盛親の系譜も断絶となるのですが、一説には女子がいて上野平太夫に嫁いだと言われています。

五男　長宗我部右近大夫

五男は長宗我部右近大夫。名前は不明ですが、官位からこのように呼称されています。

関ヶ原の戦いで長宗我部家が改易されると、加藤清正に仕えたとのこと。しかし大坂の陣で兄が豊臣家に付いたことから、大坂の陣の後に切腹させられたとのことです。切腹の仕方をしらなかった右近大夫でしたが、家来である九兵衛が実際に切腹をして見本を見せると笑いながら納得し、潔く切腹したとの記録があります。

右近大夫には子どもがいたようです。長宗我部狩りから逃れるために宗我部《そかべ》、あるいは曾我《そが》と改姓したとのことですが、真偽のほどは不明です。

◎六男　長宗我部康豊

六男の康豊《やすとよ》は、父の元親の顔は見たことがなかったとのことです。

大坂の陣では兄である盛親と共に大坂城に入り、豊臣方として参戦。大坂城落城後に縁者を頼るべく東に出向いたとのことですが、金銭的な余裕がなく、農家で着物を盗むこともあったとか。信濃では安倍晴明の子孫を騙り、盗難事件を解決するなどしてお金を得つつ東に出向き、駿府まで到着すると、長光寺に住み着きます。その際、母方の姓である「足立」を使い、足立七左衛門と名乗ったとか。

そんなある日、駿府城の城主であった酒井忠利が鷹狩りを行っている際、浮浪者が忠利を切りつけようとするのですが、その鷹狩に近隣住民として参加していた七左衛門こと康豊が浮浪者を取り押さえたとのこと。

その立ち回りを見た忠利は康豊に素性を尋ねると、康豊は自分の身の上を明かします。忠利は驚いたものの、自分の身を守ってくれたことから家臣として取り立てました。

当初は500石で召し抱えられたとのことですが、加増されて千五百石となると、子孫は重臣となって5千石まで加増されたとか。

康豊に関しては本当に長宗我部家の人間なのかという疑問の声もあるようですが、もしも康豊が本当に元親の子どもであれば、長宗我部家は江戸時代も武士として続いていたことになります。

第2章

戦国武将の弟たち

武田信繁

ナンバー2に徹した男

第1章では戦国武将の子孫について見てきました。第2章のテーマは戦国武将の弟です。例えば、皆さん武田信玄はご存知でしょう。甲斐の虎、風林火山、川中島の戦い…。しかし、信玄の弟の武田信繁《のぶしげ》を知っている方は少ないのではないでしょうか?

武田信繁は武田軍の副大将として活躍した人物です。

「文あり、武あり、礼あり、義あり」と讃えられた信繁は、兄弟が争う戦国時代にあって兄の信玄の片腕として活躍し、家臣からも慕われました。兄弟が仲良くできた理由は、信繁が家臣として兄を支えることに徹したからです。

最期も兄をかばって壮絶な戦死を遂げた信繁。

今回は武田家を支えたミスターナンバー2こと武田信繁をご紹介します。

兄の器量を認めた信繁

江戸時代の学者・室鳩巣《むろきゅうそう》は信繁について、「武威武略に長じ、知剛知柔、まことの武将とは信繁のような人物」と称えています。武田二十四将の副大将に位置付けられていました。

死ぬまで兄を支えた信繁ですが、過去には信玄と一触即発の危機を迎えたことがありました。

信繁は信玄の4歳年下の弟。母は信玄と同じ正室の大井夫人です。

しかしながら父の信虎は信繁を可愛がり、いつしか信玄を差し置いて信繁に家督を譲ろうと考えるようになります。ある正月の席で信虎は信繁にだけ杯を授けるなど、信虎のひいきはかなり進んでいたようです。

そこで信玄は動きます。

燃える兄上
武田信玄
ゴ〜
頼りになる
No.2の男
武田信繁
兄上っ!
おとうとだもん
おまかせあれ!!
ゴー
メラ
メラ

なんと父信虎を駿河へ追放するクーデター劇を敢行し、自らが武田家当主に収まったのです。

そうなると通常は父が溺愛していた信繁も一緒に失脚させるもの。ところが信玄は信繁を信頼し重用しました。実は信繁、クーデターの際も父ではなく兄に賛同していたといわれています。信繁はこのとき17歳ながら、その独裁ぶりで家臣の信望を失っている父ではなく、兄信玄のひとかどならぬ器量を認め、兄こそが当主にふさわしいと見定めていたのです。

そのため自らが当主になれるかもしれないチャンスを捨て、家臣となり兄をサポートして生きることを決断しました。しかも自分の家臣には「兄上は武田家当主。我々は家臣なのだから傲慢なふるまいをしてはならない」と戒めたといいます。

回 数々の武略

信繁は兄の期待に応える武勇の持ち主でした。

初陣は信州・海尻《うみじり》の合戦で、信玄とともに出陣して勝利を収めています。信玄は父を追放後に本格的な信濃攻めに乗り出しますが、その突破口となった諏訪攻めでも信繁は大将として出陣し、活躍しました。

その後も各地に転戦し、時には兄に代わって敵の先陣の前に立ち、武田軍を率いて戦います。信濃守護小笠原長時《ながとき》が挙兵した塩尻峠の戦いも、信繁が指揮していたともいわれています。

この戦いでは小笠原軍挙兵の知らせを受けた武田軍がゆっくりした行軍で甲府からなかなか進もうとしないため、塩尻峠に布陣していた小笠原勢はすっかり油断。そこを武田軍が急襲し、千人を討ち取る武功を上げました。

このほかにも信繁は、村上義清《よしきよ》との戦いに先鋒として出陣しています。

また、信玄の命令を家臣に伝えたり、あるいは外交的な働きをしたりと、武略、内政の両面で信玄の腹心として活躍しました。

約束だよ!
信繁の家訓
•僧侶や女子ども、貧しい人には丁寧に接するんだよ
•人の諫言《かんげん》(注意)は素直に聞くんだよ
•悪口やうそは言っちゃダメ
•みんな(領民)の声を聞いて
•大将も武勇に励むんだよ
•大将は後ろに残っちゃダメ
などなど
うむ
うむ
めっちゃ良い事言うやん
よき副大将!
慕われまくり♥
信繁え〜
素敵〜ナンバー2!!

◎武田信繁の家訓

ナンバー2というのは意外に難しいもの。信繁は信玄の弟であるだけに少しでも傲慢な振る舞いがあれば当主の座を狙っていると疑われかねない難しい立場にたたされていました。

しかし信繁は道を誤りませんでした。そんな信繁の教養と見識を知ることができるのが『武田信繁家訓』です。これは息子の信豊《のぶとよ》に与えたものですが、武田家の分国法の原型になったともいわれています。

冒頭にはこう書かれています。

「屋形さまに対して後々まで謀反の心を抱いてはならぬ」

堂々と副大将、つまり未来永劫のナンバー2宣言をしているわけです。子々孫々はもちろん周りをもしっかり牽制したのでしょう。

この家訓では武将の心構え、人としての道、上に立つ者のあり方などが記されています。その一部を意訳してみると、

●家臣に対しても慈悲の心が大切。家来が病気の時は、たとえ手間がかかっても、心をこめて指図してやりなさい。臣下の身を自分ののどの渇きに思うこと
●人々に対して、少しもいいかげんな気持ちを持たず、僧侶や、か弱い婦女子や貧者などに対し人並み以上に丁寧に接してやらねばならない
●何事に対しても堪忍の二字を忘れないこと。一時の怒りのために身を滅ぼすこともある
●良薬は口に苦しというように、人の諫言は素直に聞くこと
●人の善行は大小にかかわらずほめるのがよい。悪口は言ってはならない。自分の力量がなく実行が伴わないことは軽々しく口にしない。うそ偽りを言わないこと
●家臣が過ちを犯しても十分反省したら許すことが大切
●上に立つものは礼節について油断しないこと
●領民に対してその意見をよく聞き、心配りをすること
●武勇について、大将は日頃から常に励まなければならない。『三略』とい

う兵法書にも「強将の下に弱兵なし」といっている

●常日頃の準備が大切で、馬や武具は整えておくなど基本を大切にすること

●たとえ相手が大勢であっても、備えが不完全であったならば、撃退することができる。反対に小勢《こぜい》でも、防備が完全ならば、撃破することも困難なので十分な戦略を用いることが必要。

●大将は後ろに残ってはいけない

●武士として戦場に臨んだならば、少しの卑怯未練の振る舞いがあってはならない

この家訓を見ると信繁の人となりがよく分かるのではないでしょうか。信繁は信玄のよき副大将として武田家を支え、家臣にも慕われました。そのナンバー2精神は、最期まで貫かれます。

◎川中島の戦い

1561年、武田信玄は上杉謙信と4回目の川中島の戦いに臨みます。

このとき、山本勘助の策を入れてキツツキ戦法という作戦をとりました。これは別動隊に謙信の陣がある妻女山を襲わせ、山を下りてきた謙信らを待ち構えて一気にたたくという作戦でした。

ところがこの作戦を謙信に見破られ、逆に武田軍は窮地にたたされます。

日ごろから「屋形さまの一大事の時には真っ先に討ち死にする」と言っていた信繁は、兄信玄に「援軍無用。私が戦っている間に勝つ算段を」と言い残すと、総大将の兄を守るため800の兵で最前線に出て上杉勢の中に突入し、奮闘して戦死したと伝えられています。

この信繁らの奮闘のおかげで信玄は九死に一生をえました。

信玄は信繁の遺体にすがって号泣し、快川《かいせん》和尚も「惜しい人材をなくした」と信玄に書き送っています。

武田家臣の真田昌幸も信繁を尊敬し、次男に信繁と名乗らせたとされています。

豊臣秀長

秀吉の天下取りを支えた豊臣家の屋台骨

今回は、豊臣秀長について紹介します。

豊臣秀吉は百姓から天下人に成り上がった英雄。そのサクセスストーリーに隠れてあまり目立つことはありませんが、彼には非常に優秀な補佐官がいました。

それが弟の豊臣秀長です。実質的に初期豊臣家の経営責任者だった人物ですが、大河ドラマに登場しても印象が薄いのが残念です。

今回はそんな豊臣秀長の生涯を見ていきましょう。

◎百姓から武士へ

豊臣秀長は1540年、尾張国中村にて織田家の茶坊主だった竹阿弥《ちくあみ》の子として生まれました。３つ違いの異父兄が秀吉です。

秀吉は秀長がまだ幼いうちに家を出てしまったため、以後音信不通となっていました。秀長は幼いころから穏やかで人好きのする性格で、またたいへん聡明だったと伝わります。母と姉・妹とともに農民として暮らしていた彼に転機が訪れたのは、１５６４年ごろのこと。

浅野家の養女・おねと結婚した秀吉が、10数年ぶりに故郷に帰ってきたのです。生来の家臣を持たない秀吉は久々に再会した弟に、自分の家臣になってほしいと頼み込みました。最初は気の進まなかった秀長も、生来人が良かったのでしょう、兄の熱意に負けてこれを承知しました。

中国攻めで城持ちに

秀吉の家臣になった秀長でしたが、当初は戦においても戦闘に参加することは少なく、もっぱら留守居役をつとめて秀吉を補佐していました。

しかし1573年に秀吉が長浜城主になると、城代をつとめるなど次第に大役を任されるようになります。秀長は秀吉の代理として長島一向一揆の鎮圧に向かうなど、武将としての頭角を現し始めました。

1577年、織田信長の命により秀吉が中国攻めの総司令官となると、秀長も同行します。秀吉は姫路城を拠点として、秀長とともに播磨・但馬を制圧していきました。天空の城として有名な但馬の竹田城も、落城したのちに秀長が城代となっています。以降も秀長は、別所の三木城、山名の有子山城・出石《いずし》城、吉川の鳥取城を落とすにあたり、秀吉の右腕として活躍。出石城落城後は、城主として入城しています。備中高松城の水攻めにも参陣していた秀長は、本能寺の変の一報を受けると秀吉に従って「中国大返し」を決行、京に駆け戻りました。

明智討伐の山崎の戦いでは、天王山に黒田孝高とともに布陣しています。黒田孝高といえば、彼に宛てた秀吉の書状に「其方の儀は我ら弟小一郎（秀長のこと）め同然に心やすく存じ候」という一文があり、孝高はこれを読んで感激した、という逸話があります。秀長は例えに引き合いに出されるほど秀吉の信頼が厚かったこと、また、その様子を孝高も目の当たりにしていたことがうかがえますね。

天下取りをサポート

清洲会議を経て1583年、秀吉が賤ケ岳で柴田勝家を破ると、秀長は姫路城を居城とし、播磨・但馬2か国の統治を任されます。生野《いくの》銀山も管理し、10万石の大名となりました。

1584年、織田信雄・徳川家康の連合軍との間で小牧・長久手の戦いが勃発。豊臣秀次が大将として家康の居城・岡崎を攻めますが、情報が漏れて逆に奇襲を受けて大敗を喫しました。秀吉は作戦を転換して、信雄の所領である伊勢国に戦力を集中させ、弱ったところに講和を持ちかけます。このとき交渉役を任されたのも秀長でした。

1585年の紀州攻めでは秀次とともに副大将として参戦。秀吉は太田城にこもる雑賀衆を殲滅すると、紀伊を秀長領として統治を任せました。

本願寺の影響力が強かったこの地を治めるにあたり、秀長は検地を実施します。農民時代の経験を活かして正確な検地の方法を考案し、太閤検地に生かしました。

また、秀長は居城として和歌山城を築城しましたが、このとき普請奉行に任命したのが、藤堂高虎でした。藤堂高虎は主君を次々に変えて「風見鶏」などと呼ばれたりもしますが、部下の才能を見抜き評価した秀長にはよく仕え、忠義を尽くしました。

築城の名人と言われる高虎が土木技術を学んだのは、秀長の家臣となった直後、安土城の築城に関わったときだったと言われています。

秀吉・秀長兄弟も、一説には土木系職能民の出身とも伝わるほど土木技術に精通していたため、秀長は高虎の築城の才能を見抜き、彼の立身出世の足がかりを作ったのでした。高虎はこの恩義を忘れず、秀長の跡を継いだ秀保にも仕えています。

四国平定、100万石の大大名に

四国攻めでは、病に臥せってしまった秀吉のかわりに、秀長が総大将として指揮を執ることになりました。

秀次や蜂須賀正勝・黒田孝高らとともに讃岐・伊予・阿波を攻めます。徹底抗戦の姿勢を見せる長宗我部元親でしたが、説得に応じてついに降伏。

この功績により、秀長は新たに大和を与えられて100万石の大大名に昇進。大和郡山城を拡大して入城しました。

以後、城下の商業の発展や法整備などに力を入れ、寺社から領地を没収してその力を削ぐなど、アメとムチをうまく使い分けて領内を統治しました。

病魔に倒れる

領国経営に辣腕を振るった秀長でしたが、長年にわたる激務のためか、このころから体調を崩すことが多くなりました。摂津の有馬温泉に湯治に通いながらも、徳川家康の上洛に尽力した秀長。

政の実質的な裁量のほとんどを担っていた彼の働きぶりは、秀吉から「内々の儀は利休に、公儀のことは秀長に相談するように」と言われるほどでした。

1587年の九州攻めでは、日向から侵攻して島津義弘の夜襲を撃退。薩摩に撤退した島津軍は、日向方面総大将だった秀長に講和を申し入れました。こうして秀吉は日本の大半をほぼ平定し、まごうことなき天下人となったのです。

そんな兄の栄華の陰で、病気を押して働き続けた秀長は、1590年に病状が悪化。面倒見の良かった叔父を案じた秀次は、大和の談山神社《たんざんじんじゃ》に病気平癒の祈願をしています。

1591年1月、秀長は居城である大和郡山城で、ついに息を引き取りました。享年52、秀吉の天下取りを献身的に支え続けた人生でした。

城内には、兄の天下平定のための軍資金だったのでしょう、5万6千枚もの金子・部屋いっぱいの銀子が残されていたといいます。

秀長の死後、豊臣家には不穏な空気が立ち込めました。秀長が亡くなった1591年2月には利休切腹事件、8月には秀吉の嫡男・鶴松が夭逝。

1592年、文禄の役が始まり秋には敗色が濃厚に。

1595年、秀長の養子で秀次の弟・秀保が変死。同年、秀次切腹事件が発生。

1597年、慶長の役。兵が疲弊して、豊臣政権内の文治派と武断派の間で溝が深まり、三成の関ヶ原敗戦につながりました。

そして1598年、太閤秀吉が亡くなり、豊臣政権崩壊の足音がいよいよはっきりと聞こえてきたのです。

「秀長が長生きしていれば、徳川幕府は成立していなかった」

そのように評されることも多い秀長は、強大な権力を手に入れた秀吉に物申せる、数少ない人材でした。政治手腕も戦闘指揮も一流で、控えめながら物おじせず交渉に長け、温厚だったという秀長。兄・秀吉のようなカリスマ性はなかったにしろ、人望厚い人物だったことでしょう。ことに朝鮮出兵については秀長は反対を唱えていましたし、彼なら利休や秀次への粛清も止めることができたはずです。

たられればで語るのはナンセンスですが、もし秀長が、せめて秀吉よりも長命であったなら、豊臣家滅亡は避けられたかもしれません。

いずれにせよ間違いなく、彼の死は歴史のターニングポイントだったのです。

兄・秀吉の代理として長島一向一揆へ
寄り添う男 秀長
兄上のため
中国攻めに兄・秀吉に同行
兄上、任せて!
時には交渉役も
ペラペラペラリ
四国攻めは兄・秀吉の代わりに総大将に
兄上ーーっ!
病を押して兄の為に働き続け、1591年・秀長、死す。

相合元綱

「今義経」と称された男

今回は、相合元綱という人物を紹介します。初めて聞いた、という方も多いかもしれません。

毛利元就が3人の息子たちに対して団結することを説いた逸話は有名ですが、その陰に、彼が誅殺した弟の存在がありました。

その弟が、今回ご紹介する相合元綱《あいおうもとつな》です。

「今義経」と呼ばれるほど武勇にすぐれた元綱でしたが、その最期は壮絶なものでした。

では、彼の生涯をじっくりとご紹介していきましょう。

毛利元就の弟

相合元綱は、毛利弘元《ひろもと》の三男として生まれました。異母兄として毛利興元《おきもと》と元就がいました。

興元が1493年、元就が1497年の生まれなので、これ以後の生まれと考えられます。元綱は側室の子なので庶子扱いでしたが、すぐ上の兄・元就とはいい関係を保ち続けていたそうです。

ちなみに相合という名は、彼が後に吉田相合（広島県安芸高田市）にある船山城を拠点としたことから名乗るようになりました。

兄・興元の急死

父・弘元の跡を継いだ兄・興元ですが、当時の毛利氏は、大内氏・尼子氏の争いの真っ

ただ中に置かれており、なおかつ近隣との勢力争いが続くという状況でした。そのため、興元にとってはかなり精神的にも負担があったようで、1516年、24歳の若さで急死してしまいます。このとき、元綱はおそらく10代半ばくらいだったのではないかと思われます。

興元の跡を継いだ息子の幸松丸はまだ2歳でしたから、その後は外祖父の高橋久光と叔父である元就が後見役をつとめるようになりました。当初は久光が実権を握りましたが、やがて嫡男を戦で失うなどして力を弱めると、代わって元就が台頭していくこととなるのです。

今項羽の脅威

当時、毛利氏が従っていたのは大内義興《よしおき》でした。

ここでキーマンとなるのが「今項羽」とうたわれる武勇の持ち主だった武田元繁《もとしげ》です。元繁は、義興の配下にいたのですが、独立を図って大内領へと侵攻を開始したのです。そして元繁の牽制を命じられた興元が急死してしまうと、チャンスと見た元繁がターゲットを毛利氏へと転じたのです。

「今項羽」に狙われた毛利家は大ピンチに陥ります。

元繁の呼びかけにより、近隣の国人たちは次々と服従を表明し、あっという間にその軍勢は5千ほどに膨れ上がったのでした。大軍が吉川・毛利氏の有田城を包囲します。対する有田城には300ほどの兵しかいませんでした。そこで元就は弟の元綱に援軍を要請したのでした。

西の桶狭間

元綱らが加わっても兵の数は千ほどでしたが、吉川・毛利軍は武田勢と激突します。これが、有田中井手《ありたなかいで》の戦いです。

毛利勢は元繁の猛攻に怯みますが、元就の激励により、やがて押し戻し始めます。そして、前線に出てきた元繁を見事に討ち取ったのでした。

元就と元綱、兄弟の協力によって強敵を打ち破ったこの戦いは、後に「西の桶狭間」と呼ばれるようになります。元就は一躍名を上げ、武勇を示した元綱はその後「今義経」と称されるようになっていきました。

◎兄への謀反

有田中井手の戦いの勝利により、毛利元就は毛利氏の実権を握りました。

この翌年には大内氏から尼子氏へと鞍替えし、1523年の鏡山《かがみやま》城の戦いでは、尼子方となって大内氏と戦います。

ところが、この戦いの直後、まだ9歳の幸松丸が病死してしまうのです。一説には、首実検を無理やり見せられ、ショック死してしまったという話もあります。当然、幸松丸に跡継ぎはいませんから、彼の後を誰が受けるかという話になります。毛利の重臣らは元就を支持しました。これまでの経緯や元就自身の力量からいっても、筋の通った話です。

しかし、一部の重臣は元綱を後押ししました。実は、この背後には尼子経久の謀略が働いており、クーデターを煽動していたのです。どう説得されたのかはわかりませんが、元綱は彼らの言うことに同意し、元就への謀反に乗り気になってしまいました。

しかし、それはすでに元就の耳に入っていたのです。そして、元就は苦渋の決断を下すこととしたのでした。

三本の矢

元就は、名の知れた琵琶法師を言い含め、元綱のところに派遣しました。そして一晩中弾き語りを聴かせ、屋敷中の者が睡魔に襲われ始めたその時、法師はかねてから打ち合わせてあった合図を送ったのです。それと同時に、元就の兵が屋敷に乱入してきたのでした。

異変に気付いた元綱は、「さては、すべては兄上に露見したのか！」と叫び、残っていたわずかな手勢を率いて抗戦を開始します。

ここで彼は、「今義経」ぶりを発揮。本家・源義経の八艘飛びを思わせるような大ジャンプを見せ、約5・5mもある空堀を軽々と飛び越え、たちまち多くの敵を仕留めて見せたのです。

それを見た志道広良が「矢を放て！」と号令を

発すると、次々と矢が放たれました。

何本かは元綱に命中し、彼は膝や肩先などを射抜かれてしまいましたが、それでも数十人を斬り伏せ、その勢いにさすがの敵兵たちも怯み始めました。

しかし、手負いの身には激しい動きが負担になったのでしょう。再び空堀を飛び越えようとしたところで、傷から激しく出血し、目がくらんだ元綱は堀の中に落ちてしまいました。伏せた元綱を敵の槍が狙うも、彼はそれでも7本をはねのけたそうです。しかし、奮闘もそれまででした。力尽きた元綱は、敵の刃にかかって命を落としました。

元綱には息子がひとりいましたが、事件当時はまだ幼く、連座の罪は免れました。敷名元範《しきなもとのり》と名乗ったその息子は、元就・隆元・輝元の3代にわたって仕えたそうです。

そして、元就は毛利隆元・吉川元春・小早川隆景という3人の息子たちに対し、団結し助け合うことを諭しました。

その言葉の背景には、弟・元綱を誅殺せざるを得なかったこの悲しい事件があったからだとも伝わっています。

「今義経」とうたわれるほどの武勇の持ち主だった元綱。兄によって誅殺されるという最期も、義経と同じでした。謀反を持ちかけられた時に止めてくれる家臣がそばにいたなら……と思うと、残念です。

三好実休

後悔し続けた主討ち

今回は、兄を支えて戦った三好実休《じっきゅう》を紹介します。

三好長慶《ながよし》が畿内の支配者として君臨し「最初の天下人」になれたのは、長慶個人の才覚ももちろんありましたが、彼を支えた優秀な弟の存在が大きかったといえるでしょう。

三好実休は、兄・長慶を軍事面で支えましたが、その心の中にはいつも自らが死に追い込んでしまった主君のことがありました。

実休の生涯を、じっくりとご紹介していきたいと思います。

三好兄弟の次男

1527年（1526年生まれという説もあります）、実休は三好元長《もとなが》の次男として生まれました。兄に三好長慶、弟には安宅冬康《あたぎふゆやす》や十河一存《そごうかずまさ》らがいます。

有能だった父・元長は、管領・細川晴元の下で着々と力をつけていきましたが、やがて晴元と不和となり、同族や同僚の策謀によって32歳の若さで亡くなってしまいました。

このため、実休は兄弟や母とともに四国に逃れます。そこで、細川持隆《もちたか》の庇護を受けるようになりました。持隆は、元長と晴元の間を仲介しようとしたり、元長討伐に反対して阿波に帰国したりするなど、三好兄弟の亡き父に対して好意的な人物だったようです。

最初の天下人
三好長慶
ありがと〜
がんばれ兄上っ!!
弟
実休

兄の勢力拡大に協力

実休と兄・長慶は、少年のころからすでに三好家の重要人物でした。父亡き後、彼らは書状に署名するなど、実務にかかわっていたようです。二人とも幼かったので細川持隆の補佐があったのかもしれません。

やがて長慶は頭角を現して細川晴元のもとに帰参しますが、実休はそのまま阿波に残り、恩人である持隆に仕えました。

1547年の舎利寺《しゃりじ》の戦いの際、晴元が援軍として持隆を頼ります。実休も弟の安宅冬康・十河一存らと共に摂津（大阪府）へ向かいます。そこで、細川氏綱らに大勝したのです。この戦は畿内において応仁の乱以来の大戦だったと言われており、長慶の名前が天下に轟くきっかけとなった戦でした。そこで実休ら弟たちは最高の働きをしたのです。

恩人を自害に追い込む

その後も実休は兄の数々の戦に参加しました。やがて細川晴元と対立するようになった長慶が、晴元と将軍・足利義輝らを近江に追いやり、三好政権が誕生しました。この時、実休は四国における内政と軍事の両面を任されています。

ここで実休の人生に大きな爪痕を残す事件が発生しました。1553年、実休は恩人である細川持隆を自害に追い込んでしまったのです。

実休と持隆の関係が悪かったのかというと、そこまででもないようですが、何らかの理由によって、実休は持隆を殺してしまったというのが残された事実です。

現在、推測されている理由としては3つほどあります。

ひとつは、持隆が実休の兄・長慶に対抗しようと、後の14代将軍・足利義栄《よしひで》を擁して上洛しようとしたというもの。

二つめは、実休の力が大きくなっていくことを危ぶみ、持隆が殺害を計画したというもの。

そして三つめが、持隆が細川晴元を支援しているのがばれてしまったというものです。

二つめの理由にまつわるエピソードが残されています。

実休の力が日に日に増大していくことを危惧した持隆は、実休を相撲見物に誘い、その場で暗殺しようと考えます。そしてある奉行に相談したのですが、この奉行が裏切り、実休に計画を密告してしまったのです。

実休は持隆の卑怯さを咎め、自害を強く勧めます。そして持隆は自害するに至ったということでした。

この後1年間、実休は密告してきた奉行を仕えさせていましたが、1年経ったある日、彼を成敗したそうです。そして「どんな理由があれ、主を裏切ったことは悪でしかない」と言ったとか。

命の恩人ともいえる持隆を死に追いやったことは、実休の心に大きなしこりとなって残ることになったわけです。

戦いと出家

持隆を自害させた実休は、持隆の息子・真之《さねゆき》を傀儡《かいらい》として、阿波で大きな力を持つようになりました。

持隆の遺臣が反旗を翻しても、実休はすぐに対抗策を講じ、敵将をすべて討ち取るという素早い行動に出ています。同時に、実休は持隆の妾で真之の母でもある小少将《こしょうしょう》を継室《けいしつ》に迎えました。小少将は絶世の美女だったと伝わっています。

持隆を慕う勢力は依然として阿波に存在したため、実休は手を焼きましたが、それでも畿内の実力者である兄の覇権確立のために戦いを続けました。

播磨への遠征や復帰を狙う将軍・足利義輝との戦いに参加し、河内守護・畠山高政《たかまさ》に勝利して河内守護にも任ぜられます。その戦いぶりは、まさに猛将というにふさわしいものでした。

その一方で、実休は茶道に親しみ、多くの茶器を所有する「数奇者」でもあったそうです。また、彼は法華宗に帰依しており、自らの別邸を寺の開山のために寄進するほどでした。同時に出家もしています。実休という名は、出家してから名乗ったものです。

猛将である一方で、信仰深く文化面にも造詣があったと思われる実休。特に、法華宗への帰依に関しては、彼がかつて犯した大きな罪の意識、すなわち細川持隆を殺してしまったことが関係していたようです。

謎めいた句

1561年、「鬼十河《おにそごう》」と呼ばれた三好の勇将であり実休の弟である十河一存が病死したことは、三好政権の弱体化の始まりとなりました。

翌年、実休は畠山高政の反撃に遭い、久米田《くめだ》の戦いに臨むこととなります。当初は優勢を保った三好方。ただ、先鋒部隊が敵を深追いしたために突出し、実休のいる本陣の守りが手薄になってしまいました。そこを逃さなかったのが、畠山方に加わっていた根来衆の一団でした。

根来衆は紀伊北部を拠点とした集団で、鉄砲術に長けていました。その彼らの鉄砲が、実休らに向かって一斉に放たれたのです。

こうして、実休は側近たちとともに討死を遂げました。

様々な説がありますが、実は、この合戦前夜、実休は弟の安宅冬康に対して辞世の句を残していました。

草枯らす　霜また今朝の日に消えて　報いのほどは　ついにのがれず

報いのほどというのは、「持隆を殺してしまったことへの報い＝自分の死」を指しているかと考えられています。それを逃れることができないと吐き出した実休の胸の内は、持隆を殺したことへの後悔の念に苛まれ続けていたのでしょう。

第3章

戦国の強き女たち

成田甲斐

忍城を守り抜いた美しき姫武者

第3章では「戦国の強き女たち」と題して戦国時代に活躍した女性を5人紹介していきます。戦国と言えば男たちが戦いに明け暮れた時代というイメージですが、そんな時代に突出した強さを持つ女性たちがいたのです。

まず最初にご紹介したいのが成田甲斐。「戦う美少女」はアニメや漫画・ゲームの世界では大人気のテーマですが、戦国時代の埼玉県に、「リアル・戦う美少女」がいました。

『のぼうの城』や石田三成の水攻めで有名な忍城《おしじょう》の姫君・成田甲斐です。

ここでは甲斐姫の生涯ととてつもない武勇伝をご紹介しましょう。

豊臣秀吉と敵対

甲斐姫は、1572年に武蔵国（現・埼玉県行田市）忍城《おしじょう》の城主・成田氏長の長女として生まれました。甲斐姫が19歳になった1590年、豊臣秀吉が小田原征伐を開始、成田家は北条方として戦うことになります。

父・氏長が小田原城での籠城に加わったため、忍城は老齢の叔父・成田泰季《やすすえ》が守ることに。そしてこの忍城で甲斐姫も鎧を身につけて父の留守を預かることになりました。このとき甲斐姫は武芸に秀で、軍事や兵法にも通じたうえに「東国無双の美人」と言われるほどの美しい姫武者に成長していました。

氏長が忍城を出るとき、甲斐姫に「下賤の者に捕まれば末代までの恥、決して無謀な戦

をしないように」と注意したそうですから、血の気の多い姫だったようです。

氏長には嫡男もいましたが早くに亡くなったため、甲斐姫は嫡女としての責任を感じ、いざとなれば城を守らねばと考えていたのかもしれません。

忍城の籠城戦

ついに石田三成率いる2万3千の豊臣軍が攻め寄せてきました。忍城に籠もるのは、女子供を含む城下の領民2千5百人と500人の兵。

簡単に落とされてしまいそうな兵力差でしたが、忍城は湿地や河川を天然の堀とし、沼地に点在する島をつないで作られた水城《みずじろ》です。守りは堅く、豊臣軍も手をこまねいて攻めあぐねます。

攻守にらみ合いの続く中、忍城内では、籠城3日目にして城代の泰季が病に倒れてしまいました。泰季は枕元に奥方・太田資正の娘と甲斐姫を呼び、自分の死後は長親を城代に、と遺言して亡くなります。こうして「のぼう様」こと長親が戦の采配を振るうことになりました。

いっぽうで石田三成は、秀吉から高松城のように水攻めにしろと命を受け、必死で堤防を作っていました。三成は6月9日から工事を開始、近隣の農民たちを集めて昼夜を問わず働かせます。全長28km、高さ1・8〜3・6m、幅11mという「石田堤」は自然の地形を生かし、たった5日で完成したと言われています。

忍の浮き城

完成した堤防に川から水を引き入れてみたものの、三成の予想に反し水位は思うように上がりません。忍城周辺よりも南、現在の下忍あたりに水が溜まってしまい、城がまるで水の中に浮いているように見えたため、『忍の浮き城』と呼ばれました。ですが季節は梅雨、降り続いた豪雨によって、さしもの忍城本丸も水没の危機に見舞われます。

そこで長親は工作員2名を闇夜に紛れて抜け出させ、堤防の2か所を破壊。豊臣勢を良く思わない地元農民が手抜き工事をしたこともあって、堤防はあっという間に決壊し、濁流が石田勢に襲い掛かって270人が溺死しました。

甲斐姫、出撃！

6月下旬になると北条方の城が次々と落城していきましたが、忍城はいまだに抵抗を続けています。

各地の城を落として手の空いた豊臣方の武将、大谷吉継《よしつぐ》・浅野長政《ながまさ》・真田昌幸《まさゆき》・上杉景勝・前田利家…などなど、泣く子も黙るチーム豊臣の最強メンバーたちが、援軍として続々と派遣されてきました。

ここまで粘り強く戦いを指揮してきた長親は、ついに死を覚悟。自ら打って出ようとしますが、甲斐姫が落ち着いてこれを押しとどめました。

「まだ動く時ではありません。裏切り者が出ないか気をつけてください。大手口へは私が向かいます」

そう言って、颯爽と大手口へと向かった甲斐姫は、門櫓に登ると矢を射かけ、寄せる敵を斬り倒し、いくつもの首を挙げて浅野勢を撃退したのです。

業を煮やした豊臣軍が城の三方から攻め掛かり、忍城は再びピンチを迎えます。南の下忍口から石田隊、東南の佐間口から大谷隊、西の持田口から浅野・真田隊。持田口での戦闘はとくに激しく、甲斐姫はまたも援軍に駆けつけます。

するとその麗しい姿に目をとめたのが、三宅高繁《たかしげ》という武将。

「巴御前を生け捕った和田義盛《よしもり》のように、オレもあの女大将を生け捕って我が物としてやる。おい、女！　そこで待ってろよ」と吠えたてます。

それを聞いた甲斐姫は不敵な笑みを浮かべつつ弓を取ると、ひょうと放った矢が三宅の喉にクリーンヒット。三宅は言葉もなく落馬して絶命しました。

7月5日、ついに北条氏直《うじなお》が秀吉に降伏します。小田原城が開城したあとも、長親と甲斐姫は籠城を続けて戦いましたが、7月14日、ついに城を明け渡しました。

浜田将監事件

所領を失った成田氏長と長親は、蒲生氏郷《がもううじさと》の預かりとなりました。氏郷は名門成田家を尊重し、氏長に知行1万石で会津の福井城を任せて厚遇し

ます。さらに氏郷は、自分の新参家臣の浜田将監《しょうげん》と弟の浜田十左衛門を、目付として成田家に仕えさせました。

ところがこの浜田兄弟、城主氏長の出陣中に謀反を起こします。その知らせを聞いた甲斐姫は、激怒して長刀を振るい、敵だらけの城内を駆け回って浜田兄弟を探します。恐れをなした十左衛門が馬で逃げようとすると、「逆賊め、どこへ逃げる！」と甲斐姫も馬を駆ります。

追いついて十左衛門の胸元を長刀の柄で突き倒し、落馬したその無様な姿を見下ろしてニヤリと微笑むと、容赦なく首をはねました。

福井城を脱出した甲斐姫は、知らせを受けて引き返してきた氏長と合流し、本格的に反撃を開始。浜田将監は、成田勢に包囲された城を脱出しようとしましたが、そこへ甲斐姫が立ち塞がりました。将監は甲斐姫に太刀を打ち落とされ、右腕を断ち切られてしまい、ついに生け捕りとなりました。

◎秀吉の側室に

事の次第を聞いた蒲生氏郷は甲斐姫の働きを称えて褒美を与え、秀吉に報告しました。すると秀吉は「美貌で剛毅な姫」の話をたいへん気に入り、ぜひ側室に欲しいと言い出します。こうなるともう、甲斐姫に選択の余地などありません。

「どうせ我が身を差し出すのであれば、相応の条件を秀吉に飲ませなければ」と、側室になる代わりに成田家の復興を願い出ます。こうして成田氏長は甲斐姫のおかげで蒲生氏郷のもとを辞し、下野国烏山（栃木県那須烏山市）3万7千石の大名に復帰しました。

大坂城に上がった甲斐姫は、秀吉が死ぬまで側室として仕えました。

華麗な戦装束に身を包んで、バッサバッサと男どもを斬り倒していく美しい姫君。『成田記』という軍記物にその様子が詳しく記されているのですが、これは江戸時代に書かれた資料なので、正確さは怪しいところ。ですから実際のところはどうだったのか、「甲斐姫」という女性がいたのかどうかすら疑問が持たれています。

ですが、忍城で武器を取って戦い、秀吉の側室となって成田家を守った姫のことは、複数の資料に書かれています。この女性が「甲斐姫」だったのかは分かりませんが、はるか関東からやってきて、元は敵だった親ほども年の離れた男の妻となり、豊臣家の最盛期から滅亡までを寄り添い見守った女性がいたことは、確かなようです。

池田せん

レディース鉄砲隊を率いた森長可の鬼嫁

続いてご紹介するのは、「池田せん」という女性。

泣く子も黙る鬼武蔵・森長可の正室にしてスナイパーだったと伝わる、強烈なお姫様です。

ここでは長可の隠された一面とともに、池田せんの生涯を紹介したいと思います。

鬼武蔵の鬼嫁

池田せんの父親は、織田信長の乳兄弟・池田恒興。

生年は分かっていませんが、1575年に、信長の最凶家臣・森長可に嫁いでいますから、1560年前後の生まれと思われます。

森長可は森蘭丸たちのお兄さん。気性の荒いトラブルメーカーだったことで有名です。

愛用の槍・人間無骨をぶん回し、味方の門番から敵の一揆勢まで、行く手を塞ぐ者は誰彼かまわず突き伏せたといい、あまりの暴れっぷりに信長も笑うほどの人でした。

そんな長可に、信長が嫁に薦めた女性が池田せんでした。

信長は秀吉の妻・おねの度量を気に入っていて、「あのハゲネズミにはもったいないくらいの嫁だ」と評していたといいますから、家臣の妻女についても関心を持っていたのでしょう。それに恒興の娘なら、姪っ子くらいの感覚だったはずです。

「せんなら長可を御せるんじゃないか?」とお眼鏡にかなったというわけで、せんの気

性も相当なものだった、と想像できます。

女ばかり200人から成る鉄砲隊を率いて、父に従って戦闘に参加していたという、烈女・せん。夫の長可からの遺言状が残っているのですが、その文章が敬語を用い格式に則った丁寧なものであることからも、彼女の家中での地位・権限が、長可と対等に近いものだったことが分かっています。さすがの長可も、奥さんには頭が上がらなかったようですね。

◎戦国女性は強かった

戦国時代において、女性の鉄砲隊はさほど珍しくはなかったようです。

鉄砲は弓や刀・槍などとは異なり、重さと扱い方・発砲時の反動や衝撃の逃し方などに慣れてしまえば、腕っぷしの強い男性兵士と変わらない戦果を上げることができるため、女性も兵士として登用されたのでした。

戦国の女性たちは、本多忠勝をして「女は血を見慣れているから戦場でもひるまず、男より勇ましい」と言わせるほど勇猛だったようです。

せんの鉄砲隊のレディースたちも、1丁の重さが約4~5キロあったと言われる当時の鉄砲を扱うのですから、なかなかに屈強な女性たちの集団だったと言えます。

現代のお母さんたちも、グズる子どもを抱っこして買い物袋を提げ、荷物でパンパンのマザーズバッグを肩に掛け、ベビーカーも押して…とたくましいですから、いつの世も男が思う以上に女は強かった、ということでしょうか。

◎レディース鉄砲隊の真偽

せんは1582年の山崎の戦いでは、父・恒興の元に馳せ参じ、年末には賤ヶ岳の戦いの前哨戦となる岐阜城攻めにおいて、兄・池田元助に従って着陣しています。

岐阜城攻めでは織田信孝の籠もる岐阜城へ鉄砲を撃ちかけ、池田隊を援護しました。

…とここまで紹介してきましたが、これらのせんの鉄砲隊の伝承は後世の創作である可能性があります。『美濃諸旧記』が出典とされていますが、著者不明の軍記物であり真偽は定かではありません。

本能寺の変が起きた当時、森長可は信濃・海津城を所領として越後に攻め入っていたのです。正室のせんも、信濃にいたと考えるのが自然です。その後、長可は信濃国衆の人質を盾にしつつ、6月24日に美濃金山城に帰還していますから、せんが別行動をとって山崎に参陣したというのは眉唾ものです。

ただ、『当代記』巻二『伏見普請役之帳』の項に「池田セン 一万石」という記述があり、せんが大名並みの領主としての扱いを受けていたことは確かなのです。つまり、少なくとも1万石に見合うだけの、何かしらの戦功があったということでしょう。

鬼武蔵・森長可と鬼嫁スナイパー・せんの共闘を妄想したくなるところですが、そういったことが書かれている確かな記述・伝承は残念ながら見つかっていません。せんの鉄砲隊は、実家の池田家に所属する一部隊だったと考えた方がよさそうです。

長可、長久手に死す

せんにとって長可は、荒くれ者ではあるけれど、実家の父を立ててくれる、家族思いの良い夫でした。それは長可の死地となった、小牧・長久手の戦いの記録からも読み取れます。

1584年、羽柴秀吉と織田信雄の対立が激化し、池田恒興は秀吉方に味方し、長可もこれに従っています。共闘した恒興と長可は、丹羽氏重の守る岩崎城を落としました。恒興・元助親子と長可は、岩崎城内で戦勝を祝い朝食を摂っていましたが、そこに羽柴秀次隊潰走の報が入ります。さらに、徳川家康自らが率いる軍勢によって、堀秀政との連携が断たれたことを知った3名。もはや決戦は避けられません。

　このとき長可がせんに宛てて書いたのが、前述の「遺言状」でした。そこには、「残される母と弟を秀吉に託すこと」、「家宝の茶器を秀吉に譲ること」、「金山城を手放すこと」など、荒くれ者らしからぬ細やかな配慮がしたためられています。そして、せんに対しては「すぐに実家のある大垣へ帰ること」「娘は武家に嫁がせないように。できれば町医者に嫁がせてほしい」とありました。

　これらのことを大名宛の書状同様の形式で丁寧に書き遺すと、長可は死に装束がわりの白い陣羽織をまとい、義父・義兄とともに出陣。3人は激戦の末に壮絶な討死を遂げました。

　夫・父・兄を同時に失ったせんは、この知らせ

を受けて激しく嘆き悲しんだといいます。

回 最愛の鬼嫁

戦国の寵児・織田信長の乳兄弟、池田恒興の娘として生まれ、信長の最凶家臣・森長可に嫁いだ池田せん。一説には200人の女鉄砲隊を率いて、父・恒興とともに合戦に参加したと言われる烈女でした。

長可と夫婦共闘した、という胸熱の伝説は残念ながら無いものの、鬼武蔵と恐れられた長可にとって、最愛の「鬼嫁」だったようで、遺言状からもその様子がうかがえます。

せんは小牧・長久手の戦いで、長可と恒興・元助を一度に失うという悲劇に見舞われましたが、その後、中村一氏に再嫁して嫡男を産みました。

自身の所領として1万石を有し、大名並みの扱いを受けたせんは、池田家・森家・中村家をつなぐ、頼りがいのあるお方様でした。のちに中村家が改易となったときにも、多くの家臣が、すでに亡くなっていたせんの実家・池田家や森家を頼り、仕官したといいます。

女鉄砲隊の真偽はともかく、せんが才覚にすぐれた勇敢な女性だったことは間違いないでしょう。

阿南姫

伊達政宗に挑んだ女城主

女城主といえば井伊直虎が有名ですが、ここでご紹介するのは東北地方の陸奥・須賀川城主大乗院《だいじょういん》こと阿南姫《おなみひめ》です。甥の伊達政宗相手に降伏を拒み、戦いを挑んだ気丈な女城主。その波乱万丈の人生を振り返ってみましょう。

伊達家から二階堂家へ

伊達家といえば兄と息子の戦いの中に割って入った政宗の母、保春院《ほしゅんいん》のように女丈夫な女性が少なくありません。今回紹介する大乗院こと阿南姫もその一人です。文献にこの名は見られませんが、よく使われているので本書ではこの名で通します。

阿南姫は伊達政宗の祖父晴宗の長女。つまり政宗にとっては伯母にあたる女性です。晴宗やその父稙宗は子だくさんで、その子どもたちを近隣諸国に縁付かせる婚姻外交で勢力伸長を図ってきました。そのため当時の奥州の大名たちは伊達家を中心に、何重もの縁戚で結ばれているというややこしい関係になっています。

そんな中で、晴宗の長女である阿南姫は鎌倉時代から続く名家、須賀川城主（福島県須賀川市）、二階堂盛義《もりよし》に嫁ぎます。阿南姫は盛義との間に嫡子盛隆《もりたか》をもうけました。しかし盛義は1566年に会津黒川城主の蘆名家に敗れ、嫡子の盛隆は人質にとられてしまうのでした。

息子が敵の当主に

嫡子が人質にされ二階堂家は土俵際……だったはずですが、ここから奇跡の復活を果たします。

1574年、蘆名家では当主盛氏の跡を継いだ盛興が28才の若さで急死。隠居の盛氏が次の当主に選んだのはなんと人質の盛隆でした。盛興の未亡人と結婚させる形で盛隆を当主にすえます。

盛隆は敵国の人質にされながら、その敵国の領主になってしまうというおとぎ話のような大ドンデン返しの展開を迎えたのです。これは二階堂家にとっては幸運な話。大国である蘆名家の実力をバックに、二階堂家は隣国に奪われていた所領を奪い返すなど、勢力を盛り返します。

甥の伊達政宗との対立

これがおとぎ話なら、めでたしめでたしと終わるはずですが、史実はそう甘くありません。

1581年に盛義が30代の若さで亡くなり、跡を継いだ次男もわずか数年で急死。そのため家臣に請われる形で阿南姫が実質的な女城主の座につきました。一方、盛隆は蘆名家で男色や酒におぼれるなどあまり評判は良くなかったようです。1584年に男色関係の

もつれから家臣に斬り殺されてしまいました。

わずか数年の間に夫と2人の息子を次々と失った阿南姫。しかも追い打ちをかけるかのように二階堂家や蘆名家を支援してくれていた弟の輝宗が不慮の死を遂げてしまいます。さらに、弟輝宗の跡を継いだ政宗が、今までの大名との同盟を無視して親類縁者であっても容赦なく侵攻し始めます。阿南姫は政宗に対して反発をつのらせ、伊達家と対立を深めていきます。

両者の対立は蘆名家の相続問題でついに決定的になりました。

蘆名家では盛隆亡き後、遺児の亀王丸が継ぎ、その母（阿南姫の妹）が領内をまとめていました。ところが1586年、その亀王丸が幼くして落命したのです。そこで跡継ぎとして、佐竹家の義弘、伊達政宗の弟の小次郎のどちらを入れるかで意見が分かれ、激しく対立しました。阿南姫としては伊達小次郎も、佐竹義弘も甥にあたりますが、伊達家と対立していることもあり佐竹家に味方します。結局、義弘が蘆名家の当主におさまりますが、これに怒った政宗が兵をあげます。

女城主の決断

1589年、政宗は摺上原の戦いで蘆名家を破り、義弘は実家の佐竹家に逃げ帰る羽目になりました。政宗はその勢いで、須賀川城主を攻略しようと二階堂の重臣らに内通を促し、阿南姫にも降伏するように迫ります。

このとき、政宗に憤った領民らは松明《たいまつ》をかかげて十日山へと集まり、城に決起を求めます。

一方で家臣団は「政宗も伯母を手に掛けるようなことはしますまい。ここは降伏しては」と勧めます。

さあ、ここで女城主の当の阿南姫の決断はいかに？

家臣を前に阿南姫が静かに口を開きました。

「私ははかない女の身ですが、一筋に思い定めていることがあります。蘆名家を滅ぼして須賀川をも支配下にしようとする政宗にどうしておめおめと従うことができましょうか。また、夫が亡くなり8年、女と侮られ領土を攻められたときに、佐竹家が助けてくれたおかげでここまでつつがなく過ごすことができました。ここで私が簡単に政宗に降ってしまえば、仙道筋で政宗に対抗する者がいなくなります。政宗はその勢いで佐竹家にもあだなすでしょう。ここは私が少しでも長く防いで恩を返したいと思います。といっても伊達との戦いは多勢に無勢、城は落ち、討たれるのは定めです。それぞれが政宗に降参しても恨みません。私は女なれども一人でも政宗に抵抗します。最後までと思うものは残り、そうでないものは今日ここで暇を取らせます」と涙ながらに強い決意を語ります。

鎌倉時代の尼将軍、北条政子をほうふつとさせますね。

貪欲に領土を侵攻する政宗にやすやすと従うのは彼女の矜持が許さなかったに違いありません。

決死の籠城戦

政宗も阿南姫の決意の固さを知り、ついに攻め込みました。

二階堂家の家老の須田が「今日が最後の戦いだ。首を取っても恩賞を得られない。それよりも敵を一人でも多く倒して冥途の土産にしよう。臆した振舞いはするな」と大声で下知して城からうって出て自ら凄まじい勢いで敵陣に突入。一同これに続けと死に物狂いの激闘で多くの敵を討ちとります。

伊達勢は数に任せて新手の軍勢を次々繰り出しますが、二階堂勢も一歩もひけをとらず、死闘となりました。

　政宗は業を煮やして、小勢を差し向けそれを退却させる形で敵を河原表へおびき出して一網打尽にする作戦を立てます。しかしここでも二階堂側が一気呵成に押し寄せさんざん伊達勢を討ち取った挙句、さっと引き揚げ、政宗の作戦には引っかかりません。

　さすがの政宗も1日での落城は難しいかと考え始めていた時、かねてから裏切りを約束していた守谷が自分の指物を取り出して左右に振りました。それを合図に城下町や寺から火の手が挙がり、やがて城に延焼します。ここに至り守谷の裏切りを知った阿南姫は、城にいた守谷の妻を捕らえると「譜代の重臣なのに情けない」と懐剣で刺し殺そうとしますが、押しとどめられるという一幕も

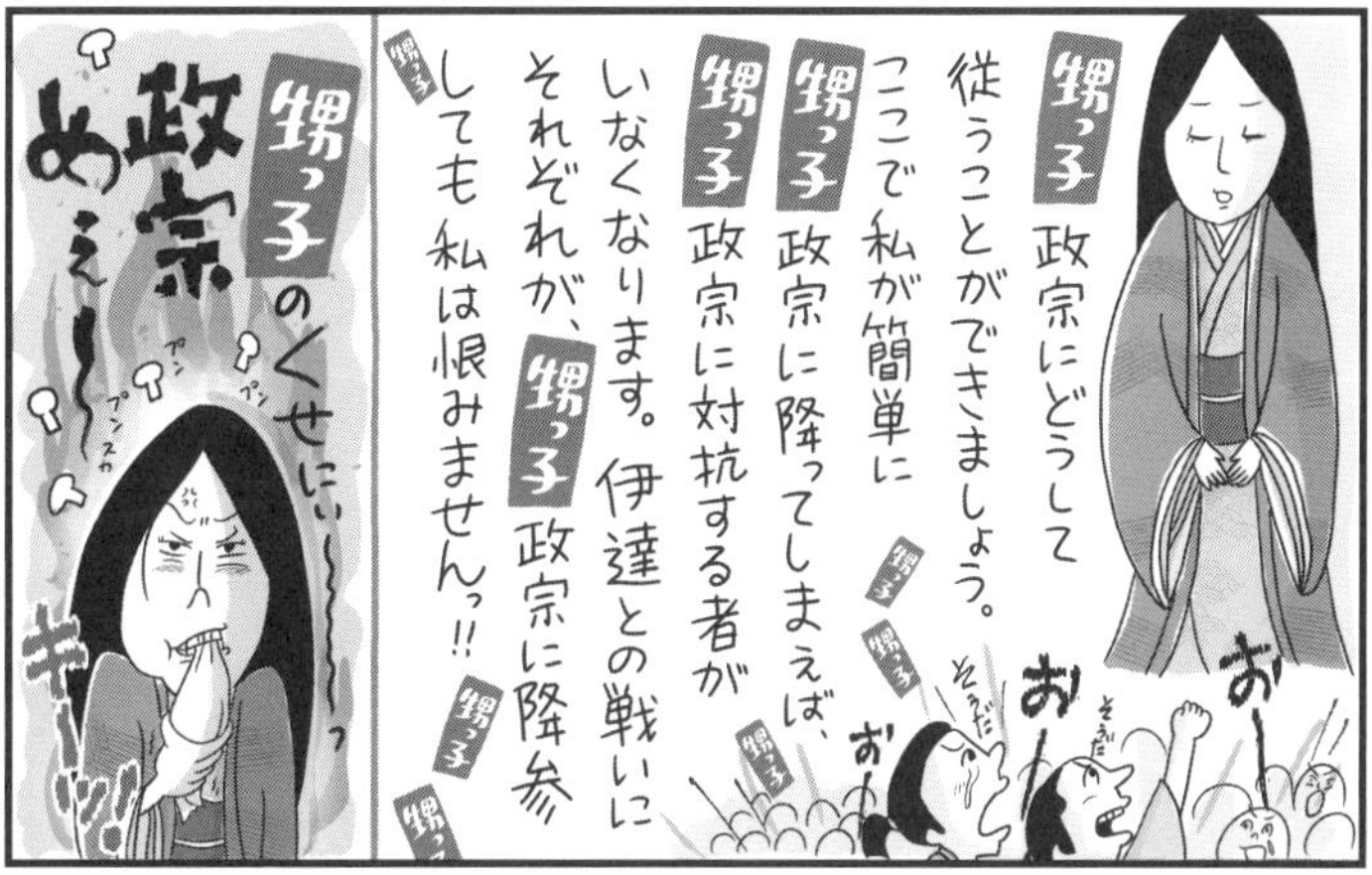
甥っ子政宗にどうして従うことができましょう。
ここで私が簡単に甥っ子政宗に降ってしまえば、甥っ子政宗に対抗する者がいなくなります。
伊達との戦いにそれぞれが、甥っ子政宗に降参しても私は恨みませんっ!!
おー
そうだ
おー
甥っ子のくせにい〜〜〜っ
政宗めぇ〜
ギー

あったようです。

いよいよ落城という時、本丸にいた阿南姫は自害しようと懐剣を手にしましたが、二階堂の家臣を名乗る者に押しとどめられ、炎のなかを脱出しました。…しかし、その家臣は伊達家の者でした。

こうして約400年間南奥羽に君臨した須賀川城は1日で落城します。

◎松明あかし

女城主の決死の籠城戦は終わりました。

阿南姫は終生、政宗を憎みます。実は政宗は須賀川城を落としただけではなく、戦後、伊達家に背いたのは我慢ならないと、彼女の嫁入り以来従っていた旧伊達家臣九人の首を無残にも討ち取ったのです。

阿南姫は政宗が用意させたごちそうやお菓子には見向きもせず、侍女が持っていた白米のみを食べ、政宗の制止を振り切るようにして実兄のいる岩城家に移ります。その後は末の妹が嫁いだ水戸の佐竹家をたよって移り住みました。関ヶ原の戦い後、佐竹家が秋田へと移ることになり、阿南姫もそれに同行しましたが、その途中須賀川付近で病気にかかり亡くなったと伝えられます。

地元の人々はそんな阿南姫、二階堂家の人々に思いを馳せたのでしょう。やがて、松明を手に阿南姫に決起を促した故事をもとに、落城した人々の霊を弔う鎮魂の行事として「松明あかし」が始まったと伝えられます。

それは今も毎年11月に、大きな松明が練り歩く須賀川市の火祭りとして続けられています。

大祝鶴姫

三島水軍伝説の姫

今回の主人公は、「戦国瀬戸内のジャンヌ・ダルク」と言われる女性、大祝鶴姫《おおほうりつるひめ》。1966年に発表された三島安精《やすきよ》著の小説『海と女と鎧』で一躍脚光を浴び、和田竜《りょう》著『村上海賊の娘』でも、主人公・景姫《きょうひめ》が憧れる伝説の姫君として登場します。みずからを「三島明神の化身」と名乗り、水軍を率いて恋人とともに戦ったという悲恋の姫君の伝説をご紹介しましょう。

◎大山祇神社と大祝家

鶴姫の実家・大祝家は、伊予国（愛媛県今治市）の瀬戸内海に浮かぶ大三島《おおみしま》の大山祇《おおやまづみ》神社の神職・大祝（＝大宮司《だいぐうじ》）を代々務める家柄。

また、大祝家は武家としての側面を持ち、一族の越智氏から成る三島水軍を率いていました。瀬戸内海の水軍・海賊衆は大山祇神社を崇拝し、大祝家は彼らを主導して周辺海域の秩序を守っていたのです。しかし神職という立場上、当主は合戦に出ることはなく、かわりに一族のおもだった者が「陣代《じんだい》」（主君の代理として戦陣に赴く役）として出陣しました。

文武両道の姫君

鶴姫は1526年、第31代大祝職・安用《やすもち》の娘として生まれました。安用は嫡男・安舎《やすおく》、次男・安房《やすふさ》をもうけていて、安舎が陣代を務めていました。

鶴姫は生まれた時から整った顔立ちの、大きくて丈夫な赤ちゃんだったといいます。スクスクと成長した鶴姫は、男子にも負けないほどの長身と体力を持つ、美しくも勇ましい性格の女の子に育っていきました。鶴姫は5歳ごろから剣術・武術の鍛錬を始めると、みるみるうちに腕を上げていき、あっという間に10歳年上の兄・安房とも互角に渡り合うほどになりました。

音曲《おんぎょく》や学問・兵法にも秀でていたそうで、人々はそんな文武両道の美しい姫を「三島明神の化身にちがいない」と敬ったといい、安用もそれは可愛がったそうです。

鶴姫が8歳の時、父・安用が病死します。長兄の安舎が第32代大祝となったため、次兄の安房が陣代を務めることになりました。

このころ周防国《すおうのくに》の大内氏は、中国地方から九州地方の支配をめぐって、尼子氏や大友氏と争っていました。

回 鶴姫、陣代として立つ

1541年、大内義隆《よしたか》は大三島に対して水軍を差し向けます。

鶴姫の次兄・安房は陣代として出陣。河野・村上との連合水軍で迎え撃ち、大内の水軍を敗退させましたが、安房は討死してしまいました。

敗れた大内義隆は、「三島水軍は陣代を亡くして意気消沈しているはず。やつらが態勢を整える前に討つべし！」とばかりに、なんとその年の10月、再び大三島に攻め寄せてきました。

これを迎え撃ったのが、当時16歳だった鶴姫でした。

鶴姫は、現在も大山祇神社に残る「紺糸裾素懸威胴丸《こんいとすそすがけおどしどうまる》」と呼ばれる鎧を身に着け、その上に赤い衣を纏《まと》って遊女を装い、小早《こはや》（小型の軍船）に乗り込んで敵陣の懐に入り込みます。そして、相手を油断させて十分に近づいたところで急襲。乗っ取りをかけ、敵将を討ち取りました。

鶴姫は「われこそは三島明神の化身なり！　討ち取らんと思うなら、かかってまいれ！」と声を上げると、大長刀《おおなぎなた》を振るって敵兵を斬り倒していきました。

味方の兵たちは姫の姿に奮い立ち、炮烙玉《ほうろくだま》や火矢を敵船に撃ち込んでいきます。将を失った大内の水軍は混乱し、敗北を喫して退散したのでした。

戦いのあと、鶴姫は正式に陣代として認められました。

このころ、鶴姫にはお互いに想いを寄せ合う青年がいました。長兄・安舎の家臣で大祝家とは同族の、越智安成《やすなり》です。

安成は、陣代となった鶴姫の右腕として軍の立て直しを補佐し、プライベートでは許嫁《いいなずけ》として鶴姫を支えました。しかし、甘い生活は長くは続きませんでした。

◎鶴姫、入水

1543年、大内義隆がまたもや水軍を差し向けてきました。陶晴賢《すえはるかた》を大将とした今回の大内水軍は三度目の正直で本気の大艦隊。戦いが長引くにつれて、三島水軍はしだいに劣勢になっていきました。

「このままでは姫の身が危ない……」

安成は愛する鶴姫を守るため、捨て身の戦法を決意。敵の将船に突っ込んで体当たりを仕掛けます。おかげで鶴姫は退却することができましたが、安成は討死してしまいました。

鶴姫は一旦退却したものの、残った小早を密かに集め、沖合に停泊していた敵船に夜襲をかけました。安成の弔い合戦です。油断していた大内軍は闇夜に不意をつかれたため、混乱の末、敗走していきました。鶴姫は大きな犠牲を払い、ついに大三島を守ったのです。

想い人を失った鶴姫は、三島明神に戦勝を報告。祈りを捧げると、ひとり小早を漕いで沖に出て、安成の眠る海に身を投げたといいます。享年、わずか18。

悲恋の姫は、こんな辞世の句を遺しています。

わが恋は みしまの浦の うつせ貝
むなしくなりて 名をぞわづらふ

わたしの恋はあっという間に終わってしまった。まるで大三島の浜に打ち上げられた、死んで空っぽになった二枚貝のよう。あなたが死んでしまって、わたしの心も空っぽになってしまった。あなたの名を見聞きして思い出すことすら、悲しくて虚しくてたまらない……。

これ以来、鶴姫の入水した辺りでは、鈴の音が響き渡るようになったと言われています。

越智安成
16歳の純愛
鶴姫ちゃん
逃げろ鶴ーっ
安成さまー
安成討死す。
安成の弔い合戦で勝利した鶴姫。ひとり沖に出て安成の眠る海に身を投げた…。
鶴姫享年18歳
この物語はフィクションです。
えっ!?
ウソ…?
グスン
グスン

◎鶴姫フィクション説

…とご紹介してきた「鶴姫伝説」のストーリーですが、これはあくまで「伝説」あるいは「創作」である可能性が大なんです。

鶴姫伝説は、前述の小説『海と女と鎧』が出版されるまで、大三島島民にも知られていませんでした。

著者の三島安精氏は大祝家のご子孫。彼が執筆時に参考にしたのが、大祝家門外不出の文書『大祝家記《おおほうりかき》』なのですが、この史料は安精氏が亡くなったあと所在不明となっていて、氏の他に確認した人がいないのです。

大内氏との戦いについては、三島家に伝わる『三島家文書』に書かれているものの、安房が戦死した1541年6月の戦いについて触れるのみ。鶴姫と思われる女武者についての記録は見当たりません。また、鶴姫に討ち取られたという小原中務丞は、史実においてはその後も活躍して、毛利元就の家臣となっています。

鶴姫が着用したとされる鎧「紺糸裾素懸威胴丸」について、三島安精氏は「我が国で唯一の女性用甲冑」という説を唱えています。大山祇神社に伝わるこの鎧を見た氏は、「胸部が膨らみウエスト部分が細く引き締まり、女性でなければ着られない」と感じたことから、家伝の書にあったという鶴姫についての記録を思い出し、小説を書くに至ったそうです。

しかし、女性的に見える形状は着用する兵の身体的負担を軽くするために考案されたもので、室町時代後期に作られた甲冑によく見られる特徴だそうです。つまり、三島安精氏が女性用に見える鎧を見て、そこから想像を膨らませたというのが「鶴姫伝説」の真相に近いのではないでしょうか。

今も生きる鶴姫の物語

せっかくの歴史ロマンでしたが、「鶴姫伝説」はフィクションとして楽しむべき物語だといえるでしょう。

伝承・神話・昔話・物語などは「史実ではない作り話」として、ともすれば軽視されがちな存在です。ですが、ひとつの物語が「なぜそのように語られ、どのように人々の間に広まり、どんな影響があったのか」を考えることも、歴史を含む人間の社会そのものを知るための、大切な要素です。

『海と女と鎧』の発表以来、鶴姫の物語はいまだに人々を魅了し続け、地域の観光・文化の発展にもおおいに役立っています。

巴御前

一騎当千の女武者

今回は巴《ともえ》御前《ごぜん》について紹介していこうと思います。戦国時代のお話ではないのですがとても面白い物語なので、番外編ということでお楽しみください。

平安末に起こった源平の戦い（治承・寿永の乱）は１１８０年から１１８５年までの６年間にも及ぶ大戦でした。

長い戦いの中で数々の印象深い武者が登場します。そこには女性たちも大きく関わっていて、今回紹介するのはその中の一人。男と並んで平家と戦った女性・巴御前です。

木曾義仲に仕えた巴御前

巴御前は木曾義仲の幼馴染であり、側近。同時に妾（もしくは側室）であったとも言われる人物です。女性でありながら武芸に秀で、女武者として主君・義仲とともに戦った女性でした。義仲の妾だったのか、それより上の側室だったのか議論は分かれるところです。さらに、巴御前は義仲より格上の家柄だったので、実際は正室だったという説もあります。

また、巴御前の生没年は不詳です。信濃国出身の女性であったとされており、『源平盛衰記』によれば父は中原兼遠《かねとお》であるとされています。

義仲は父の源義賢《よしかた》が討たれて亡くなったとき、わずか2歳の幼子だったので信濃国木曾地方の中原兼遠のもとに預けられました。兼遠は義仲の父親代わりとして養育することになります。

このとき幼馴染のように一緒に過ごしたのが兼遠の娘である巴御前でした。

巴御前の生年は不明ですが、一緒に育ったのを見ると年齢は近かったのかもしれません。ちなみに、『源平闘諍録《げんぺいとうじょうろく》』では巴御前は兼遠の次男・樋口兼光《かねみつ》の子であるとされています。

『平家物語』の「巴御前」

巴御前の正式な名についても不明です。たいていの場合「巴御前」と表記されますが、その名が最初に登場する『平家物語』の底本（校訂のもととした本）では「ともゑ」とだけ表記されていて、現代で活字化された「巴」表記は当て字です。また、「御前」が付けたされるのはおそらくもっと時代が下ってからのことです。

巴御前は木曾義仲とともに戦った女武者として有名ですが、実は彼女が登場する書物は少ないのです。『平家物語』とその異本とされるいくつかの書物のみ。

『平家物語』の「木曾最期」は義仲を主役として展開するので、巴御前はわき役として物語を彩るのみ。歴史をそのままに書くというよりは物語として面白おかしく脚色されている部分があると言われています。

では、『平家物語』で巴御前はどのように描かれているのか、詳しく見ていきましょう。

美しい女武者

巴御前は「木曾最期」の冒頭から登場します。

「木曾殿は信濃より、巴、山吹とて、二人の便女をぐせられたり。山吹は　いたはりあッて、都にとどまりぬ」（『新編日本古典文学全集』小学館、1994年）

義仲は、巴と山吹という二人の召使いの女をともなっていたが、山吹は病のため都に残ったとあります。

すなわちこのあと義仲が連れていた女は巴のみということ。

巴は「色しろく髮ながく、容顔まことにすぐれたり」「ありがたき強弓精兵、馬の上、かちだち、打物もッては鬼にも神にも　あはうどいふ」「一人当千の兵者なり」と紹介されます。

色白で髪が長い。平安時代の美女の条件を満たす女性で、顔かたちもすぐれていた。そんな容姿端麗な女性でありながら、力が強かったようで、めったにない強弓を引く人物であり、たとえ馬の上でも徒歩でも、刀を持てば鬼にも神にも立ち向かってみせようという一人当千の女武者だったそう。

回 最後のご奉公

戦においては、「さねよき鎧着せ、大太刀、強弓もたせて、まづ一方の大将にはむけられけり。度々の高名肩をならぶる者なし」「されば今度も、おほくの者どもおちゆき、うたれける中に、七騎が内まで巴はうたれざりけり」と評価されています。男と並んでも遜色ない手柄を立てており、今度の戦でも多くの者が逃げ、討たれるなかで、七騎になるまで巴は討たれませんでした。

その後、残り五騎になっても巴は討たれず、義仲はついにこう巴に伝えます。「おのれは、とうとう、女なれば、いづちへもゆけ。我は打死せんと思ふなり」「もし人手にかからば自害をせんずれば、木曾殿の最後のいくさに、女を具せられたりけりなンど、いはれん事もしかるべからず」

つまり、「お前は女なのだから、はやくどこへでも行け。私は討死にしようと思っているのだ」「もしこの先人手がなければ自害をする覚悟でいるので、『木曾殿が最後の戦に女を連れておられた』などと人々に言われるのもよくないから」と去るように言い聞かせたのです。

しかし、残り五騎になるまでついてきた巴も覚悟なしにここまできたわけではありません。離れようとしませんでしたが、あまりにも義仲が同じことを言うので、「あッぱれ、よからうかたきがな。最後のいくさして見せ奉らん（ああ、いい敵がいるといいな。さすれば最後の戦をお見せいたしましょう、最後のご奉公です）」と言って、ちょうど武蔵国で評判の御田八郎《おんだのはちろう》師重《もろしげ》が三十騎ほどでやってきたところへ駆け寄り、「むずととッてひきおとし、わが乗ッたる鞍の前輪におしつけて、ちッともはたらかさず、頸ねぢきッてすててンげり」と、御田をむんずとつかんで引き落とし、首を斬ったのです。

その後、鎧、甲を脱ぎ捨てて東国へ逃げていった、とあります。

『平家物語』ではここまでしか描かれず、巴御前は義仲の死を見ることなく去ったことしかわかっていません。

◉想像の中の巴御前

巴御前はその後どうなったのか。『平家物語』の異本とされる『源平盛衰記』では、関東へ下向したあとの巴御前の姿が描かれます。

生き延びた巴御前は和田義盛《よしもり》の妻となり、朝比奈義秀《よしひで》を産んだとされていますが、実際のところどうだったのかは定かではありません。

『源平盛衰記』は『平家物語』以上に創作性が強い軍記物であり、どこまで信用していいかは判断が難しいところです。

　当時の歴史を知る上での一次史料となる『吾妻鏡』には巴の名は一切登場しないことから、巴が『平家物語』のような活躍をしたのかどうか疑問視する向きもあります。

　史実かどうかはともかく、巴御前が義仲とともに語り継がれるのは、女でありながらものすごく強い武者だったという珍しさ、義仲とともに歴史の舞台から姿を消した点、また史料が少ない点で人々の想像を掻き立てるからでしょう。

第4章

戦国～江戸時代の謎

Q1 比叡山焼き討ちは鬼畜の所業だったのか？

第3章までは戦国武将の子孫、弟、そして戦国の女性と人にスポットを当てて紹介してきました。本章では少し趣向を変えて、戦国〜江戸時代における知られざる歴史の真相に迫ってみたいと思います。

まずは、「比叡山焼き討ち」について考察します。その苛烈さから何かと批判されることも多い織田信長ですが、その最たるものが「比叡山焼き討ち」でしょう。

信長軍は延暦寺の伽藍を焼き払い、僧俗男女、大人も子どもも合わせて数千人の首をはねたと言われています。

しかし信長とていきなり比叡山を攻撃はしません。焼き討ちに至る前段階から見ていきましょう。

燃やしてしまえ～
メラ
首をはねろ～
メラ
メラ
比叡山焼き討ち
ヒエ～
こわいよ～～っ
信長～～
ガタブル

将軍足利義昭

1570年、織田信長は姉川の戦いで浅井・朝倉連合軍相手に大勝を果たします。それを見て震え上がった室町将軍足利義昭は、手当たり次第に打倒信長の檄を飛ばし、応えてくれそうな武将を探します。自分の兄である13代将軍義輝を殺した三好三人衆にまで、味方をしてくれるよう頼む始末でした。

信長を潰す好機と捉えて、石山本願寺顕如上人は一向門徒に一揆の指令を出します。また、三好三人衆の一党は、大坂に陣を張り上洛の構えを見せました。

信長はこれに対して3万の軍で岐阜を発し野田・福島の三好勢を攻め、天満に兵を進めて本願寺門徒とも戦います。

信長が大坂方面で手一杯なのを見て、浅井・朝倉は三好勢や本願寺と呼吸を図り、こちらも3万の軍で大津・坂本へ進出しました。「志賀の陣」とも「坂本の陣」とも呼ばれる戦いの始まりです。

比叡山へ逃げ込む

比叡山延暦寺の南麓、琵琶湖からほど近い街道沿いに、宇佐山城があります。

延暦寺に睨みを利かし、浅井・朝倉の上洛を邪魔するため信長が築かせた城ですが、ここには信長の弟織田信治と、森可成が入っていました。

しかし城兵はわずか千、浅井・朝倉軍に背後を突かれ、信治と可成はうって出ましたが、二人とも戦死しました。それを聞いた信長が坂本へやって来たのを知った浅井・朝倉の兵たちは、とても敵わぬと比叡山へ逃げ込みます。比叡山は深い山で、僧房堂舎が山のあちこちに散らばり、籠もられると攻めにくく厄介です。

信長は延暦寺の僧を招き、浅井・朝倉に加担せぬよう要求し、容れられないときは全山ことごとく焼き払うと言って脅しますが、延暦寺側はこれを拒否します。それどころか浅井・朝倉に味方する素振りさえ見せました。

信長は仕方なく宇佐山城に本陣を置き、比叡山の麓を取り囲むように布陣し浅井・朝倉勢と対峙します。

季節は移り寒さも増してくる山中、補給路も断たれ、やがて雪でも降れば越前・湖北への道が塞がれる恐れもあります。そうなる前にと山中の籠城軍は、将軍義昭に信長との和解を斡旋して欲しいと頼み込みました。

この提案に信長はすぐには応じず、朝廷から和解勧告の綸旨を出してもらうよう、義昭に働きかけます。義昭は、自分が信長包囲網のきっかけを作ったことなど素知らぬ顔で通し、信長の方も義昭の行状を知りながら、敢えて咎めようとしませんでした。

義昭にすれば信長が知らぬ顔でいてくれれば上々、信長にすれば、ばらしてしまえば義昭を通して朝廷を動かしにくくなります。

双方の顔が立つ形で収めようとしました。

義昭は朝廷工作を行い、「かような天下の不祥事は速やかに収めるべきである」との正親町天皇の綸旨を頂き坂本まで持参し、両軍に披露したうえで和解の交渉に入ります。両者の使者によって和議の案がまとまりました。

信長は佐和山を経て岐阜に戻りますが、この時浅井・朝倉に味方した延暦寺の対応を、忘れはしませんでした。

姉川封鎖

1571年、信長は木下秀吉に命じて姉川を封鎖します。

これは北陸と大坂方面の、武士・商人をはじめとする人々や、物資の往来を遮断するものです。物流を止めるとともに、朝倉氏・越前一向一揆と、大坂石山本願寺の連絡を断つためでした。

信長は「挙動怪しき者は問い質し、不審が晴れぬ者は殺害せよ」と命じて厳重な通行封鎖が行われました。この年、信長軍は浅井・朝倉勢とあちこちで衝突します。信長は坂本に軍を進め、三井寺に本陣を置きました。信長の狙いは交通の要衝であり、軍事的にも大きな拠点になりうる比叡山の無力化でした。

都の守護寺である延暦寺を攻めるのは、織田家中でも危ぶむ者があったらしく、佐久間信盛《のぶもり》らは「前代未聞の戦」であるとして反対します。しかし信長は聞き入れません。

信長の動きに気付いた延暦寺は、黄金300枚を贈って攻撃をやめるよう頼み込みますが、信長は使者を追い返してしまいます。延暦寺も覚悟し、里坊に住んでいた僧侶・僧兵を山中の根本中堂《こんぽんちゅうどう》に集め、坂本の里に住む人たちも、山の中に逃げ込みました。

比叡山焼き討ち

1571年9月12日、織田軍は坂本・堅田周辺に火をつけて回り、それを合図として一斉に坂本から攻め上ります。

根本中堂・山王二十一社・東塔・西塔をはじめ、仏像・社・僧房・経巻に至るまで、一切残さず全て焼き尽くしました。山中に避難していた僧俗男女、大人も子どもも合わせて数千人余りがことごとく捕らえられ、一人一人首を切られて信長の検視を受けたと言われます。

炎は15日まで燃え続け、堂塔《どうとう》伽藍《がらん》一堂も残らず焼け落ちました。

山の周辺は信長配下の武将が、逃げ延び

る者が無いよう固めていましたが、秀吉の持ち場だけは囲みが緩かったと言います。ここから貴重な絵画などの寺宝が持ち出されました。

賛否

天下の霊場への焼き討ちは、多くの非難を浴びました。

武田信玄は「信長は天魔の変化」と言い、逃げて来た高僧を庇護し、延暦寺を再建しようとさえしました。

宮中の反応も大きなものでしたが、宣教師たちは当然のように「我が神デウスの勢力拡大のチャンス」と捉え、さほどの非難はしていません。宣教師だけでなく、意外にも肯定的意見が多いのです。

その背景には当時の比叡山の僧たちへの反感がありました。

公家の日記に「叡山の僧たちは酒・色に溺れ修行もせず、全山果つるようなありさま」とあるように、当時の延暦寺が都の守護寺としての特権的地位を利用して、金品を求め、出家の作法を犯す魚食・鳥食・飲酒を公然と行い、女色に溺れ修法を怠りと、見るに堪えない有様でした。

また祠堂銭《しどうせん》と称して、民人相手に金の貸し付けもやっていました。低利や無利子で行うのなら貧民救済ですが、かなりの高利を取っていたようです。そして数千人とも言われる僧兵を蓄え、自分たちの要求を力で押し通していました。

延暦寺の復興

この焼き討ち、実際のところはそれほど死者は多くなかったし、全山焼き討ちも行われなかったとの説もあります。都の守護寺として権勢を誇った延暦寺を襲ったので、大袈裟に伝えられたのかもしれません。

延暦寺の復興ですが、信長の存命中は再興されませんでした。彼の死後、正親町天皇や青蓮院《しょうれんいん》尊朝《そんちょう》法親王《ほうしんのう》らにより、着手されます。

1584年、秀吉は根本中堂以下の再興

を許可し、1595年には、坂本・葛川1573石を山門領として与えます。

秀吉の死後は徳川家康が、東坂本3427石を加増して山門領5千石としました。

堂塔伽藍も諸大名の助力により復興しましたが、かつての並び建つ威容を取り戻すことはできませんでした。

Q2 明智光秀はただの逆賊ではなかった？

今回は、明智光秀の知られざる素顔について紹介します。

突然ですが、明智光秀って何をした人物かご存知でしょうか？

「本能寺の変」で織田信長を倒した…そうです。確かにそれが歴史的に最も大きな事柄です。しかし、それ以外のことについては意外と知らない方が多いのではないでしょうか？

本能寺の変の裏切りについては、信長の仕打ちに耐え切れなくなって殺害を決意したとか、室町幕府再興のためとか、他に黒幕がいたなんていうのもあります。ただ、今回紹介したいのはそういうことではありません。

光秀の知られざる一面と、江戸時代に再度現れたというお話です。

鉄砲の名手

明智光秀が生まれた年は、1528年と言われていますが、はっきりとはしていません。一説には、美濃の斎藤道三に仕えていたこともあると言われています。道三は息子に殺されてしまったため、光秀は牢人になったようです。

そこから北上し、越前の朝倉義景《よしかげ》に仕えることになりました。朝倉氏に仕えることになった理由として、その付近で起きた一揆を鎮圧するのに彼の作戦が的中したから、ということがあるそうです。

朝倉一門の大将に、どこからともなく現れた牢人・光秀が「夜襲に備えた方がいい」と進言します。誰もこれを信じませんでしたが、大将はこの言葉を受け入れて備えを固めていたところ、やはり夜襲があり、撃退することができました。その慧眼が見込まれ、朝倉家の当主・義景に推薦されたそうです。

ある日、義景の前で光秀は自分の特技を披露することになります。当時、鉄砲はポルトガルから入ってきたばかりで使いこなせる人間は限られていました。そんな頃に光秀は、距離が25間（約45・5m）、そして四方が一尺（約30・3㎝）の的に狙いを定め、なんと命中させたというのです。

しかも、撃った100発の内訳がすごい。的の黒い部分（おそらく中心付近）に68発、的

わし、明智光秀のこと、知ってる？
知ってるよ〜 本能寺でしょ！
本能寺じゃなくて他に!!
あ〜えぇと〜 ほら、あの〜〜
スチャ
あっと〜〜
うんと〜 えぇ〜

の角に32発当たったというんですから、つまりは100発100中!

当時の鉄砲の射程距離は50mを超えていたと考えられていますが、それにしても全部を的に当てるというのは、到底ムリな話です。義景も家臣団も驚いたことでしょう。

デキる男

朝倉義景の元には、15代将軍・足利義昭が身を寄せたこともありました。

光秀はそこで義昭に知られるようになり、やがて義昭が信長と接触するようになったため、信長にも知られることとなった、という経緯があります。


そして彼が与えられた役割が、義昭と信長の連絡役。コミュニケーション能力、頭の回転の速さ、実行力…現代のデキる人材に必要なものを、光秀は持っていたんだと思います。

光秀が信長に仕えるようになったのは、すでに彼が40歳を過ぎた頃だったと考えられています。信長の元で過ごしたのは10年ちょっと。その間に、彼は織田政権のトップクラスの幹部に上り詰めています。

彼は生涯に20回ほど戦に出ていますが、はっきりと敗走したと考えられるのは2回だけ。そのうち1回は秀吉に倒された山崎の戦いですから、信長の武将の中でも相当の戦上手だったと考えられます。

1581年には、京都御馬揃《おうまぞろ》えを信長から任されています。これは、信長が天皇の前で行った軍事パレードのようなもので、信長の力を天下に示す大事なイベントです。それを見事に成功させた立役者が、他ならぬ光秀でした。それだけ信長からの信頼が厚かったと推察できます。

ちなみに、戦以外にも重用されていたので、光秀は過労死寸前にまでなっています。真面目な人だったのでしょう。

あふれる教養と愛

光秀は和歌や茶の湯もたしなむ教養人でした。和歌は貴族のたしなみでもあり、な

かなか学ぶことはできません。茶の湯にしても同じことで、その頃はまだ権力者たちに独占された、最先端の文化でした。

それらを光秀は身に付けていたというんですから、相当頭脳明晰だったのでしょう。

このように、文武両道の光秀は、わずか10年余りで信長にとって欠かせない存在となっていきました。

また、光秀には熙子《ひろこ》という妻がいました。婚約して間もなくのこと、美しかった熙子は疱瘡にかかり、顔に痕が残ってしまったそうです。そこで彼女の父はそっくりな妹を身代わりにして光秀のところに送ったのですが、光秀はすぐにそれを見破り、こう言いました。

「私の妻は熙子どのと決めている」

カッコいいですね。しかも生涯側室を持たずに熙子だけを大切にしたといいます。

熙子もまた、夫に尽くしました。牢人中の光秀がお金に困った時、自分の黒髪を売ってお金をつくり、夫を助けたそうです。そして、過労で倒れた光秀を献身的に看病したあまり、彼女の方が病気になって亡くなってしまいました。

光秀は領地では善政を行って領民に慕われました。戦で亡くなったり負傷したりした家臣へは見舞状を送っています。こうしたことは、当時では異例のことでした。

江戸時代まで生きていた？

信長を討った後、光秀は山崎の戦いで秀吉に敗れ、落ち武者狩りに遭って命を落としたと言われています。

しかし、光秀がそこでは死なず、天海《てんかい》という僧となり徳川家康の側近として仕えたという説があります。

光秀の首として差し出されたものは、顔の皮がはがされていたため誰だか分かりませんでした。そして、戦国時代末期に突然、家康の側近として天海という僧が登場します。

天海はあっという間に家康の参謀・相談役として存在感を持つようになり、ついには家康の遺言を預かり、日光東照宮を建立しました。

その後、天海は家康の孫・家光にまで仕え、100歳を超える長寿を全うしています。

天海が光秀だとされる仮説の数々

「天海＝光秀」説には数多くの仮説があります。

まずは、2人の筆跡が似ているということ。鑑定の結果、同一人物、もしくは近親者なのではないかとされました。

また、日光のいろは坂の途中にある絶景ポイント「明智平《あけちだいら》」の名付け親は天海であると、付近の社寺には伝わっているそうです。

そして、光秀が亡くなっているはずの1615年、光秀という名で比叡山に灯籠が寄進されています。また、叡山文庫という比叡山の書庫には、俗名が光秀という名の僧がいた記録もあるそうです。同じ名前の人がいたのかもしれませんが、ここまでいろいろ重なると、もしや…と思いたくなりますね。

きわめつけには、父が光秀の家老だった春日局が天海に会った時、

「お久しぶりです」

と言ったんだとか。

もし、光秀が天海だったならと考えるとワクワクしますね。

こうして見てくると、光秀＝逆賊というイメージが変わってきませんか？

Q3 関ヶ原の戦いは天下分け目の一戦ではなかった？

今回は、関ヶ原の戦いについて紹介していきます。

豊臣秀吉亡き後勢力を伸ばして来た徳川家康。このままでは家康に政権を奪われてしまう、そう危機感を募らせた豊臣恩顧の大名たちが、家康を相手に天下の覇権をかけて決戦を挑んだ。

しかし結果は家康側の勝利に終わり、豊臣の勢力は減退、徳川の勢力は伸長、後の大坂の陣へとつながっていった。

これが関ヶ原の戦いの一般的な解釈だと思いますが、実情は違いました。天下の覇権を争ったのではありませんし、そもそも豊臣と徳川の争いでもなかったのです。

三成最後のひと勝負

官吏派と武功派の対立という豊臣家中の

亀裂の原因を作ってしまい、家康に泣きついたものの居城佐和山城に謹慎させられた石田三成、これで終わってなるものかと最後のひと勝負に出ます。

大谷吉継・安国寺恵瓊《あんこくじえけい》らと語らい、上杉討伐に出た家康の留守を突いて兵を挙げます。

毛利輝元を総大将にかつぎ出すことに成功し、豊臣臣下の大老である家康の、主家をないがしろにする独断専横の罪状13ヶ条を数え上げます。私闘でも謀反でも無く、豊臣家の定めた規律を正すための戦だと言うのです。目に余る家康の振る舞いを質し、豊臣の威信を取り戻すというしごくまともな動機でしたが、西軍の不利は戦う前から明らかでした。なぜでしょうか？

その原因はひとえに三成の人望の無さにありました。

武功派から殺してやりたいと言われるほどの恨みを買った三成が中心にいる以上、豊臣側はひとつにまとまるはずもありません。すぐれた役人ではありましたが実戦経験も無く、言葉遣いが横柄、肝心なところで決断力に欠ける、武功派を下に見ているなど不評の嵐。不利を承知で味方に付いてくれた大谷吉継にさえ「お前は人望が無いから表には立つな」と言われる始末でした。

また秀頼をかつぎ出せなかったことで、豊臣宗家が謀反人家康を罰するという構図もつくれませんでした。わずか8歳の秀頼に

関ヶ原の合戦
西軍
石田三成
大谷吉継
他
チッ
東軍
YES!
家康
家康側の勝利!

は何の判断も出来ませんが、その背後にいる淀殿や北政所の支持が得られなかったということです。

秀吉存命の頃から家康の人物を買っていた北政所はともかく、心情的には三成びいきだった淀殿でさえ、秀頼の運命を三成に託す気にはなれなかったのです。

家康の立場

この時家康は上杉討伐の軍を率いて東進していたのですが、こちらも名目上は豊臣家の規律に違反し、謀反の疑いのある上杉景勝を討つための出陣でした。

家康にしてみれば、豊臣家中の内紛に敗れて佐和山城に押し込めてある三成をすぐに討ち取る必要もありませんし、むしろもう少し生かしておいて、豊臣家の中を引っ掻き回してもらった方が都合が良かったのです。

しかしお家に仇なす謀反人と名指しされて挙兵されては、放っておくわけにもいきません。家康軍は反転して関ヶ原を目指します。不利を承知の三成と、巻き込まれた形の家康、開戦の日は迫っていました。

主戦力は到着していなかった

東軍秀忠の率いる徳川の主力部隊3万8

千が、真田昌幸・信繁父子の作戦に翻弄され、信濃国（長野県）上田城に釘付けにされたあげく関ヶ原開戦に間に合わなかった。

これは有名な話ですが、実は西軍の有力な部隊も関ヶ原に間に合わなかったのです。

その部隊は筑後国（福岡県南部）柳川の領主立花宗茂《むねしげ》が率いる軍勢でした。

宗茂は多くの武功を上げ、諸大名の前で秀吉から「東の本多忠勝、西の立花宗茂、東西無双の者なり」と武勇を褒められたこともありました。特に秀吉の大陸出兵のおりには、何万もの明軍を相手に大活躍しています。

関ヶ原の前には家康から東軍へ味方するよう誘いを受けた宗茂、「秀吉様の恩義に背くことはできない」とこれを断り西軍に参加しました。

筑後から関ヶ原への道の途中に、京極高次が守る大津城があります。元々秀吉側の武将だった高次ですが、この時は東軍につき家康の命令で大津城を守っていました。

城兵3千で立花軍1万5千に立ち向かい、開戦当日までの足止めに成功、この功により後日家康から若狭国（福井県西部）8万5千石を与えられています。

1日で終わった合戦

日本人同士が争った戦としては最大の動員人数だった関ヶ原の戦い。しかしこの戦いはたった1日で終わってしまいました。

ひとつの城をめぐる戦いでさえ数ヶ月かかることも珍しくありません。戦って日没に一旦兵を引きまた夜明けと共に戦う、これを繰り返すのが普通でした。

もともと自国の領土を守る戦いではなかったのですから、両軍の戦意は高くありませんでしたし、懇願され強要され迷いながら参加した武将も多かったのです。

これは本戦での各部隊の動きの鈍さからもうかがえます。

信義と道義に殉じた武将も居ましたが、参戦したほとんどの武将が考えたのは、我が家の存続・立場・領地の拡大でした。

「秀頼様のために、豊臣の家を守るために家康を討たねば」

とか
「これからの世は徳川、早く家康公に天下を取って貰って安定した世の中を」

ではありませんでした。

それにしても終わるのが早かったのは三成が実戦に不慣れであったのが大きな原因です。西軍不利と見た段階で、自身の身を武将たちに守らせ戦場を離れるべきでした。

佐和山城も近かったのですから逃げ込んで、もう一度武装を整え城兵に守らせて、大坂城を目指せば良かったのです。実戦経験の乏しい三成はこの判断が出来なかったし、それを忠告できる人物もすでに周りにはいなかったのでしょう。

ぎりぎりまで戦場に留まったあげく、馬にも乗らず食料も持たず山の中に逃げ込み、6日間逃げ回ったあげく、近江で徳川の追っ手に捕らえられました。

こうして関ヶ原の戦いは東軍の勝利で終わりました。

第2ラウンドは無かった

関ヶ原の戦い後の家康の行動は早いものでした。

三成の本拠地佐和山城をおとし大坂に進み、大坂城にいた毛利輝元を退去させます。

いたって手早い処理でしたが、なぜこんなに簡単に事が進んだのでしょう？

西軍の総大将毛利輝元には、無傷の大軍3万5千と難攻不落の大坂城があり、なにより秀頼が居たのです。

豊臣への忠誠心も厚い立花軍も大坂城に入っていました。輝元が秀頼を押し立てて家康に挑めば、家康も困ったはずです。

家康はあくまで豊臣の大老として戦ってきたのですから、秀頼に出てこられては自分が「逆臣」になってしまいます。加藤清正や福島正則などは、戦線を離脱する恐れもありました。しかし輝元は動きませんでした。

ここが家康の老獪なところで、前もってあらぬ噂を城内に流しておいたのです。

「輝元が大坂城を出たら城中に潜む裏切り者が秀頼を手中に収め、西軍は賊軍になってしまうだろう」

さらに別の手も打ちました。

毛利家を支えている吉川広家を通して「毛利軍が動かなければ毛利の本領は安堵する」との請書《うけしょ》を出していたのです。

広家がこの請書を受け取ったのが開戦前日の9月14日、大坂城の輝元は15日にはこの書状を見ていたでしょう。

輝元はこの書状を見てほっとしたはずです。西軍の総大将になってみたものの、大坂城内の士気は低く、一部の武将を除いては豊臣のためにという戦意も感じられません。内心「しまった」と思っている所へ家康公のありがたい書状。本多忠勝と井伊直政からも、家康は毛利家の本領を安堵する意向であるとの文書も届きます。すっかり信用した輝元、大坂城も秀頼も渡してしまいました。

「毛利本国120万石は召し上げ、嫌ならば戦え」

と言い渡されたのは後日の事。

戦いが終わり、本気で秀吉の恩に報い豊臣の世を願った三成はもういませんでした。

Q4

家康はなぜ14年も待ったのか？

鳴かぬなら　鳴くまで待とう
ホトトギス

今回のテーマは、「関ヶ原勝利の後、徳川家康はなぜ14年も待ったのか？」です。

この14年とは関ヶ原の戦いから大坂の陣までの期間を指します。家康は関ヶ原の戦いに勝利した後、なぜその勢いで豊臣家を滅ぼさなかったのでしょうか？　その謎に迫ります。

戦い済んで日が暮れて

1600年、関ヶ原の戦いを制した家康は石田三成の居城佐和山城の落城を見届け、その後草津、大津、伏見、と軍を進めます。大坂城に籠る毛利輝元との開城交渉を行い、輝元の退去を確認したのち、27日に大坂城へ入城しました。

このとき家康の身分は豊臣家の大老職で、主君たる秀頼とその背後にいる淀殿は大坂城に留まっています。そこで家康は、家中の政争を収めたものとして秀頼に「拝謁と報告」をしているのです。これが豊臣と徳川が天下の覇権を争った戦いであったなら、勝者の家康が敗者の秀頼を自分の前に座らせるところですが、実情はどうあれ表向きは「家中取り締まり不行き届きに付き、石田三成・毛利輝元らの暴挙を許し申し訳ありません」との態度でした。

なぜこの時家康は関ヶ原勝利の余勢をかって、一気に大坂城を奪ってしまわなかったのか？

豊臣家に対して天下の覇権を要求するでもなく、秀頼に大坂城から退去するよう求めることもなく、なぜ一臣下としての態度で通したのでしょう。

東軍の主力は豊臣恩顧の大名たち

徳川秀忠率いる徳川の主力3万8千の軍勢は、真田親子の老獪な戦術に翻弄されて上田城に釘付け、関ヶ原決戦に間に合いませんでした。

家康自身も軍勢は率いていましたが、それは家康の身を守ることを本分とした部隊で、最前線での機動力を要求される攻撃には向いていませんでした。主戦力として最前線で戦ったのは、主に東軍に与した豊臣恩顧の大名たちだったのです。

その結果は戦後の論功行賞・領地配分に反映されます。

まず西軍諸大名87家の領地が没収され、減封・転封が行われます。

石田三成、宇喜多秀家、小西行長、長宗我部盛親ら8人の大名が改易され、その領地416万石が没収されます。

また、毛利輝元、上杉景勝、佐竹義宣《よしのぶ》ら5大名は領地を削減・転封され、こちらは216万石が没収されました。

この戦いによる没収石高は総計632万石にのぼり、これは当時の日本全国総石高の3分の1を超えます。

ではこの没収した石高が徳川系大名に渡ったかというとそうではなく、戦後目ぼしい加増があったのは、東軍として戦った豊臣系武将でした。西軍から没収した632万石の約80%に当たる520万石が、彼らに分け与えられたのです。そしてこの石高配分は国を単位として行われたので、彼ら豊臣系武将は国持大名に昇格しました。

豊前国は細川忠興、筑前国は黒田長政、土佐国は山内一豊、以下阿波、讃岐、伊予と続き20ヶ国以上、日本の3分の1の地域が、豊臣系国持大名の領国となったのです。

特に京より西の西国地方は何か国かの例外を除けば、そのほとんどが豊臣系大名の支配地となりました。

徳川家と徳川系大名の領地は関八州（相模《さがみ》・武蔵《むさし》・安房《あわ》・上総《かずさ》・下総《しもうさ》・常陸《ひたち》・上野《こうずけ》・下《しも》野《つけ》）と東海道筋の諸国、それに越前と信濃の半分ぐらいなもので、国数にして20ヶ国

「ホトトギス」
「鳴かない」
っと…
おしえてチャット
鳴かない時は
ちょっと待ってみて!
じゃ、もうちょっと待ってみます。

ほど、日本全土の3分の1に過ぎません。

豊臣秀頼はというと、全国に分散して配置されていた羽柴宗家の所領（太閤蔵入れ地）約220万石のうち、諸大名に管理を任せていた分を没収され、摂津・河内・和泉の3ヶ国65万石のみを領する1大名に格下げになります。

しかしこれは秀頼の蔵入れ地（直轄地）の話で、秀頼の直臣団（大坂衆）の知行地は、備中や伊勢国など西国方面各地に広く分布していました。

まだ早い

関ヶ原では相手が石田三成であったからこそ、福島正則、黒田長政らも東軍として戦いました。

しかし家康が秀頼相手に「政権をよこせ」と軍を起こせば彼らはどう動くか、今の段階で家康に味方するかは怪しいものです。

秀頼様が幼いうちは家康が代わって政務を裁く、そして秀頼様成人の暁には、家康がその代行職から降り秀頼様に政権をお返しする。

この時秀頼8歳、家康59歳でしたから、年齢的にもあと10年程家康殿にやって貰えば丁度良いじゃないか、これが大坂衆や世間一般の見方でした。

冗談じゃないと思うのは家康、何のためにこれまで苦労してきたのか、自分を「つなぎ」に使われ、用が済めば徳川家を一大名に戻してしまってなるものか。

とは言うものの、織田家・豊臣家の繁栄と没落を目の前で見て来たのも家康です。よほどしっかりした体制・枠組みをつくっておかねば、今天下を手に入れても自分一代で終わってしまう。末永く続く政権をつくってこそナンボのもんです。

今はじっくり策を練って土台固めをする時、自分は59歳、若くは無いが健康にも気を付けているからまだ時間はあるだろう、今はまだ「その時」ではないと考えました。

名実ともに天下人に

慶長8年までの"年始の礼"では、在京の諸大名はまず秀頼の元に挨拶に向かい、家康への挨拶はその後廻しでした。また、朝廷での官位も6歳ですでに従二位権中納言という破格の高位にあった秀頼は、関ヶ原の戦いの後も昇進を続けていました。

しかし1603年、ここに揺らぎが生じます。

家康が朝廷より征夷大将軍に任ぜられたのです。征夷大将軍とは「武家の棟梁」として日本全土の武家に命令できる立場です。

また、家康は就位から2年後、早々に後継者である徳川秀忠に征夷大将軍の地位を譲っています。これにより徳川家が政権を継承していくことを示しました。

家康の本心

秀頼が成長し、いよいよ徳川と豊臣の緊張感が高まっていきますが、家康は豊臣家を滅ぼしたくはなかったようです。

逆臣になりたくなかったのか、死の床で自分の手を取って拝むようにした秀吉の願いを裏切りたくなかったのかはわかりませんが、時には自分の子や妻にさえ自死を申し付ける苛烈さを持った家康が、秀頼に関しては辛抱強く待ちました。

「いずこでもお望みの国を差し上げる、大坂城を出て淀殿を人質に差し出せば、豊臣家の存続は安堵いたしましょう」

この言葉に嘘はなかったでしょうし、家康にとってもそれが一番良い解決法だったのです。かつての主家としてそれなりの待遇も与えたでしょうし、生前の秀吉との約束通り、孫娘の千姫を秀頼の元に輿入れさせてもいます。

しかし秀頼と淀殿は大坂城を動きませんでした。

そして1614年、ついに方広寺鐘銘事件が起こり大坂の陣に突入していきます。時に秀頼22歳、家康73歳、家康はもう待てなかったのです。

関ケ原も勝ったしさー
天下取っちゃいなよ～
待つ男
主演 徳川家康
いやいや、まだまだ待つよ～
59歳
1603年
家康
征夷大将軍になる。
いいや、まだ待っておれ
もう、そろそろ…
まだ
まだー
まだ!
カッ!
1614年
大坂の陣突入!
もう待てぬ!
もう73歳になっちゃった…

Q5

毛利と島津はなぜ移封されなかったの？

今回は、毛利と島津はなぜ移封されなかったか？　について紹介します。

江戸幕府が260年続いた理由は多々ありますが、その一つに挙げられるのが巧妙な配置転換です。移封・転封を繰り返すことで徐々に大名の力を削ぎ、徳川の力を安定させたのですが、家光以降となると、移封・転封は親藩・譜代大名ばかりとなります。

その結果が幕末に於ける薩長という「外様」の台頭につながったと言っても過言ではないのですが、なぜ江戸幕府は外様に対しての移封・転封を行わなくなったのでしょうか？　その真相に迫ってみましょう。

家光以降の移封・転封

江戸幕府における基本的な領地配分は

毛利
のちの長州藩へ
移封なし
島津
のちの薩摩藩へ

関ヶ原後、秀忠、家光の代でほぼ完了したとされています。もちろん家綱以降も移封・転封はありますが、大掛かりなものは減少傾向になりますし、ましてや何十万石を誇る大大名が移封・転封となった話はほぼ聞かれなくなります。

前田、島津、毛利、細川、黒田、伊達……。これらの外様大名は、結局は明治までその領土を保持しましたが、彼らに対して移封・転封を行っていれば、幕末の薩長同盟は成しえなかったでしょう。

秀忠・家光は、それまでの功績を問わず福島、加藤、最上といった大きな外様大名を取り潰していましたので先に挙げた外様大名は、揚げ足を取られないよう、慎重に領内経営を行っていたと考えられます。

徳川としては周辺に信頼できる大名を配置することで、何かあればすぐにでも対応できる体制を取っていました。

また、九州の配置は巧妙でした。九州には黒田、細川、島津と40万石以上の大大名、さらには約36万石と立派な数字を誇る鍋島も健在。どこか一つだけが大大名であれば何かが起きてしまっていたかもしれません。しかし、それなりの大名が数名いたことで、例えば島津が何かを起こしたとしても、細川と鍋島が結託すれば抑えられますし、黒田が事を起こしても他の大名が…といったように、上手くそれぞれが拮抗するような形にしたのです。

　また、もし幕府を攻めるとしても江戸まで行くには距離があります。この点も計算されていたのは言うまでもないでしょう。江戸までの道のりが遠いため、九州の大名は参勤交代の負担も大きなものでした。

　このような仕組みがあったからこそ、薩長に打倒されるまで江戸幕府は長く続くことができたといえます。

島津の場合

　先に述べた通り、島津や毛利に対して移封・転封を行わなかったことが薩長同盟につながってしまったわけですが、なぜ彼らに対して移封・転封ができなかったのでしょうか。

　島津に関しては関ヶ原以降、比較的幕府に対して柔軟な姿勢を見せています。

　例えば幕府の手伝普請《てつだいぶしん》にも積極的に参加していますし、江戸幕府と距離を縮めるべく将軍家に姫君を嫁がせるなど、いろいろと苦労していたようです。

　薩摩藩・島津家にはどこか「豪胆」「無骨」といったイメージがあるかもしれませんが、徳川政権下では比較的おとなしい態度を取っていたことが分かります。そもそも、幕末に関しても薩長同盟が結ばれるまでは幕府側として動いています。

　薩摩藩の人口のおよそ4割が士分だったとされていることからも、藩財政はかなり厳しく、徳川にたてつくどころか、むしろ藩財政をやりくりするだけでも相当大変だったはずです。

このように、島津とすれば薩長同盟まではまさに「取り潰されないように」というスタンスで徳川に従う姿勢を見せていた以上、徳川政権としても難癖をつけにくかったのでしょう。

毛利の場合

毛利は島津同様、表面的には恭順する姿勢を見せていますが、野心があった点もひしひしと感じられます。

例えば密貿易。幕府に秘密で行われたこの貿易は毛利・長州藩に莫大な利益をもたらしたとされています。さらに長州藩は関ヶ原の戦いによって萩36万石余に転封となりましたが、大坂の陣の前の検地では53万石を記録。その後も新田開発を行うことで、徐々に石高を増やし、幕末には実質石高100万石を超えていたとも言われています。

にもかかわらず、長州藩に対する普請等の荷役は「36万石余の大名」として課されたため長州藩の経済力は徐々に大きくなっていきました。また、アヘン戦争時には情報収集にかなり力を入れていたとのことで、藩独自にいろいろと動いていたのでしょう。

裏でそのような活動をしながらも表面的

には恭順する姿勢を見せ、幕末を迎えたのでした。

36万石余の表記

島津にせよ毛利にせよ、あるいは他の大名にせよ、徳川の時代では基本的に「いかに家を守るか」に苦心しました。

しかし、その中にあって毛利は、表面石高と実質石高の違いによって藩財政の余裕が生まれ、それが後の討幕運動につながった一因と考えられます。明治維新の指導者として、長州藩の思想家・吉田松陰がクローズアップされますが、どの藩にも儒学者はいました。その中で松陰ばかりが目立

かったといえるでしょう。

つのは、優れた思想だけでなく、松陰の考えを実践できる財政・行動力があったからこそです。

大坂の陣の前に行われた検地の際、毛利の石高は50万石以上ありました。しかし、関ヶ原の西軍の総大将が隣国の福島正則よりも石高が上では困るとのことで7割である36万石余と表記することを認めました。この徳川政権のおごりが倒幕につながった…というのは言い過ぎでしょうか？

この時、もしも違った対応を取っていれば毛利・長州藩も島津同様、藩財政に貧窮し、それこそ打倒徳川どころでは無くなっていた可能性もありますので、表面石高を36万石余で認めた本多正信の功罪は大き

第5章

戦国時代のダークヒーローたち

松永久秀

信長を何度も裏切った男

本章では、戦国のダークヒーローを紹介します。

下剋上という言葉もあるように謀反や裏切りが横行した戦国時代ですが、その中でも特に悪名高い４人について見ていこうと思います。


トップを飾るのは松永久秀。

斎藤道三、北条早雲、松永久秀の３人は「乱世の三梟雄《きょうゆう》」と言われますが、なかでも松永久秀は、天下の三悪をなしたといわれるダークヒーロー。あの信長から天下の大悪人と皮肉られた武将です。信長とは降伏、裏切りを繰り返すというまさに狐と狸の化かし合いを演じ、最後はド派手にやらかしてくれました。今回はそんな信長対久秀というヒリヒリするような駆け引きを中心に久秀を追ってみたいと思います。

三好政権で台頭

織田信長が徳川家康に久秀を紹介した際、律儀な家康は久秀に丁寧にあいさつしましたが、信長は「そんなに丁寧にする必要はない。この人物は主家である三好氏を乗っ取り、将軍を殺し、奈良の大仏を焼くという誰もしない三つの大悪行をなした男だ」と紹介します。

アンチヒーローにふさわしく久秀は実力でのし上がってきました。前半生は商人、土豪出身などと言われていますが謎に包まれています。1510年頃の生まれで、信長より20歳以上年上だったようです。

久秀が乱世に登場したのは40歳の頃。

最初は三好長慶に仕えたようですが、弁舌と才智でメキメキと頭角を現し、長慶が畿内を統一するのを支え、家老、つまり三好政権の家臣のトップになりました。

もちろん戦陣にも立ち、大和国を支配するばかりか、いつしか将軍の側近ともなり、長慶の嫡男・義興《よしおき》とも肩を並べるほどの権威を持ちます。

三好家崩壊

長慶の畿内平定を支えた久秀でしたが、長慶の晩年、じわじわと本性を現しはじめます。長慶の弟たちが次々と亡くなり義興も病死するなど三好家には不幸が一気に押し寄せたのですが、その原因が久秀にあったという説があります。

義興を殺害したのは久秀とも言われています。また、久秀の讒言により長慶は頼りにしていた弟の安宅冬康《あたぎふゆやす》を謀反の罪で切腹に追いやってしまったのです。じきに無実であることがわかると長慶は立ち直れないほどのショックを受け、間もなく亡くなりました。

ダークヒーロー
松永久秀見参!!
将軍殺し
三好氏乗っ取り
奈良の大仏を焼く

将軍殺害と東大寺の焼き討ち

長慶の跡は養子の義継《よしつぐ》がつぎますが、実質的な権力を握ったのは久秀と三好家の有力家臣・三好長逸《ながゆき》、三好政康《まさやす》、岩成友通《いわなりともみち》の三好三人衆でした。

初めは両者ともに協力して、反旗を翻そうとした13代将軍足利義輝を襲撃して殺害しています。このとき久秀は息子に襲撃に参加させ、自身は参加していませんが、かかわっていたのは事実でしょう。

久秀と三人衆はじきに対立し合戦に及びますが、阿波の三好一族をはじめ三人衆に味方する武将が多く、久秀は孤立してしまいます。そこで久秀は起死回生の一手として三人衆の陣に奇襲をかけました。

その場所がなんと東大寺！

三人衆は大仏がある以上、ここは攻撃されるはずがないと考えていたようですが、久秀は構わず襲撃しました。

それでも三人衆は持ちこたえて、久秀は追い込まれます。

しかし、久秀はあともう1枚、とっておきの切り札を残していました。

それが織田信長です。こんなこともあろうかと久秀は数年前から信長と連絡をとっていたのです。将軍一族の足利義昭を擁して上洛をもくろんでいた信長も京都の久秀と親しくすることは渡りに船だったでしょう。

久秀は信長を京都に引き入れると、天下の名器として名高い「九十九髪茄子《つくもなす》」を信長に献上して降伏を願い出ます。

ただし、足利義昭がこれを許すはずがありません。なぜなら義昭にとって久秀は兄の義輝を殺した最大の敵。義昭を擁する信長に処刑されてもおかしくない状況でした。

でも久秀には信長が自分を殺さないという確信がありました。

久秀は信長が情に流されず、役に立つ人材は敵、悪人であろうと徹底的に使い倒す武将であることを見抜いていたからです。

はたして信長は義昭を説得し、大和国もそのまま久秀が支配することを許しています。以降は信長が畿内を平定し、久秀は信長に協力しました。

命の恩人久秀

1570年、信長は越前の朝倉攻めのさなか、義弟浅井長政に裏切られ、背後をつかれます。このとき、信長はわずか10数人の家来を従えて撤退し京を目指します。その中には久秀もいました。

しかしこの敗走には一つ大きな問題がありました。道中にいる朽木谷《くつきだに》の領主・朽木元綱《くつきもとつな》は将軍家の味方なのです。下手をすればここを通るときに元綱に討ち取られる可能性があります。このとき、元綱を説得すると名乗り出たのが久秀でした。

信長方はわずか10数人。もし久秀が元綱と組めば信長が不利です。逆に久秀にしてみればここで信長を討ち取る大チャンス。

しかし、もし信長を討ち取って義昭のもとに首を持参した場合……。義昭には憎まれており、自分も討ち取られる可能性があります。

信長は信長で、合理的な久秀が裏切らないと確信があったようです。

結果、久秀は元綱を説得し信長に従わせます。

信長の偉大さを説いたのか、それとも信長こそが将軍の恩人だと説いたのかはわかりませんが、巧みな弁舌で説得したようです。

こうして元綱を味方につけ信長は京へと戻ることができました。

◎久秀の裏切り

結果的に久秀は信長の命の恩人になりましたが、今度は久秀が義昭と和解し信長を裏切ります。信長の力が強大になり畿内にとって邪魔な存在になったのでしょう。

1572年、久秀は義昭、三好三人衆と組んで信長に挙兵します。このころ、信長包囲網が敷かれ、甲斐の武田信玄も上洛の途についていました。信玄に加えて畿内のキーマンである久秀も反信長についたことで信長は追い込まれたかに見えましたが、ここで大波乱が起きます。なんと信玄が途中で病死し、上洛が中止になったのです。

久秀は多聞山城《たもんやまじょう》を信長勢に包囲され、あっさり降伏しました。

ところが信長は多聞山城は取り上げたものの久秀を許しています。畿内の押さえ、あるいは朝廷との取次役として久秀は必要な人物だったのでしょう。

爆死

信長と久秀の関係が決裂する日がついに訪れました。

その一因は信長が久秀の持っていた大和の支配権を筒井順慶に与えたことです。当初、信長は家臣に大和の支配を任せましたが、その家臣が戦死すると順慶に与えました。

自分ではないのか？　と久秀はカチンときたに違いありません。信長の家来ならまだしも、かつて大和を争った順慶の手に移ったということは、もはや信長には自分に大和を託す気がないと悟ったのではないでしょうか。

信長政権では自分の目はないと悟った久秀は、またしても信長を裏切ります。反信長の毛利や本願寺と手を組むと、大和国信貴山城《しぎさんじょう》に籠城しますが、あえなく信長勢に囲まれてしまいます。

信長は天下の名器である「平蜘蛛釜《ひらぐもがま》」の茶器を差し出せば命を助けると言ってきます。しかし久秀は、「人のしないことをする」と言い放つと、天守に火を放ち、平蜘蛛釜に火薬を詰めて自分もろとも爆死したと伝えられています。

その久秀が最後に信長に対し、「日ノ本一の正直者ゆえ、義理や人情という嘘はつきません。裏切られるのは弱いからです。裏切られたくなければ、常に強くあればよろしい」と言い残したとされています。

久秀は乱世と呼ばれる世の中でもひときわ劇薬のような存在でした。そして同じように常識を破ろうとした信長もそこにひかれていたのかもしれません。

尼子経久

「謀聖」と呼ばれた男

今回は、尼子経久《あまごつねひさ》について紹介します。

戦国時代、中国地方にはのちに「三大謀将」と呼ばれる武将たちがいました。毛利元就、宇喜多直家《うきたなおいえ》、そして尼子経久です。

もちろん戦にも長けていたのでしょうが、彼らの活躍は主に謀略によるものでした。今回は「三大謀将」の一人で「謀聖」と言われるほど計略に優れていた尼子経久の人生を見ていきましょう。

守護代の座

1458年、尼子経久は出雲（島根県東部）守護代・尼子清定《きよさだ》の息子として誕生しました。

鎌倉・室町時代に各国に置かれたのが守護で、彼らは治安維持などに関わりました。守護はのちに戦国大名化していくわけですが、その守護の下にいたのが守護代です。

守護代には守護の一族が選ばれることも多く、尼子清定は出雲の守護・京極政経《まさつね》の一族でした。

経久は、17歳の時に京都の京極政経の屋敷に滞在することになります。この時に元服し、政経の一字をもらって「経久」と名乗るようになったわけです。

1478年ごろには父から家督を譲られていたと言われる経久ですが、父・清定の頃から、尼子家は京極家からの独立を画策するようになっていました。

京極家がお家騒動に揺れていた時期でもあり、経久の代になると、出雲の豪族と結び付

謀聖《ぼうせい》
謀略で勢力を広げ
謀略で敵に勝利
考える男・経久
う〜む
う〜む
う〜む
う〜む
うむ
うむ

きを強め、京極家の領地を横領したり、税を徴収しても納めなかったりと徐々に反抗的になっていきます。京極政経はこれに激怒し、経久は守護代の座を追われてしまいました。

守護代復帰の逸話

守護代を追われた経久は、その後1500年ごろに復権しています。おそらく追われたといっても国を追われたわけではなく一定の力を持っていたのでしょう。

しかし、実際に城を包囲され国を追い出されたという説もあり、その説に関連する守護代復帰の逸話が面白いので、ご紹介します。

国も城も追われ浪人となってしまった経久は、芸能を生業としつつ、忍《しのび》のようなこともしている鉢屋弥之三郎《はちややのさぶろう》という人物と出会い、彼の助力を得てかつての居城・月山富田城《がっさんとだじょう》の奪還に挑むことになります。

弥之三郎らは、毎年元日には城で祝いの舞を披露することになっていました。そこで1486年の元日、舞を披露すると見せかけて密かに武装し、入城します。すでに経久らは城のあちこちに潜んでいました。

舞を始めた弥之三郎たちは、あらかじめ決めておいた太鼓で合図をします。すると経久らが一斉に蜂起し、城内にいた新守護代の勢力を蹴散らして城を奪還したのでした。

以後も弥之三郎らは経久に仕え、忍のようなことをしていたと伝わっています。

本当の話か定かではありませんが、ここから経久の「謀聖」としての歩みが始まったというわけです。

2年かけた謀略

守護代に復帰した経久ですが、この頃かつての主・京極政経がお家騒動で追われて出雲にやって来ます。

この時2人は和解したらしく、政経は自身の孫を経久に託しましたが、実はその孫は行方不明となっています。もしかすると経久が…というところもありますが、こればかりははっきりしません。こうして政経の跡を継ぐ者はいなくなり、出雲は経久の手中に収まったのでした。

同時期にこんなエピソードもあります。

ある時、経久の家臣の山中という者が味方の足軽を斬り殺して、敵対する三澤氏の下へ逃げ去ります。すると経久は山中の母や妻子を捕らえ、牢に押し込めてしまいました。

山中は三澤氏の下で2年忠勤を尽くし、三澤氏の信頼を得るようになります。

そして、山中は「自分に200の兵をつけてくれれば、勝手知ったる月山富田城を落とし、にっくき尼子を討ち取ることができます。内応者もおりますから」と進言し、500の兵を付けてもらいました。

月山富田城へと向かった山中は、城の目前まで来ると「手引きしてくる」と隊を離れました。すると途端に城門が開き、尼子の兵が一斉に飛び出してきたのです。

慌てる三澤の兵たちの背後からも尼子の伏兵が襲い掛かり、勢いに乗って一気に三澤を制圧してしまったのでした。

これはすべて最初から、経久が山中に命じて仕組んだことだったのです。

2年以上かけて熟成させた謀略は、実に鮮やかなものでした。

勢力拡大と苦戦

こうして着々と勢力を拡大していった経久は、中国地方で生き抜くために、幕府の重鎮・周防（山口県）の大内義興《よしおき》にいったんは従います。

しかし大内家が北九州の大友家と抗争を繰り広げる間に徐々に離反の動きを見せ、備後

（広島県東部）や安芸（広島県西部）、石見（島根県西部）にまで進出していきました。この間に安芸の毛利家を傘下に収め、1523年には大内家の安芸支配の拠点・鏡山城を攻めます。経久は周辺各国を手中に収めはしたものの、その戦いの中で知勇兼備の嫡男・政久《まさひさ》を失い、三男・塩冶興久《えんやおきひさ》にはなんと反乱を起こされるなど、苦境にも陥りました。

塩冶家は出雲でも強力な豪族でしたから、国を二分する争いとなり、4年間も続いたのです。

自身は無欲の人だった

塩冶興久の乱が興久の自害という形で終結した3年後、経久は家督を孫の詮久《あきひさ》（後の晴久）に譲ります。

詮久は積極的に周辺へと進出しますが、大内方へと乗り換えた毛利家と吉田郡山城の戦いで激突して敗北。安芸での力を大幅に低下させてしまったのでした。

そんな中、1541年に経久は84歳で亡くなりました。

経久については、謀略の人とはおよそかけはなれたエピソードも伝わっています。

経久は、持ち物をほめられると何でも与えてしまう人だったそうで、家臣に着物も与えてしまい、冬でも薄い着物一枚で過ごしていたといいます。こんな人であるため、家臣は気を使って持ち物をほめずにいたのですが、ある時、誰かが経久の屋敷の庭にある松をほめてしまいました。すると、気をよくした経久はすぐに松を掘り起こそうとしたそうです。

さすがに周囲に止められてその時はやめた経久ですが、後日、松をほめた者の家に大量の薪が届きました。結局、経久は松を薪にして贈ったというわけだったんですね。

むしろ、こんな風にいろいろ気を使ったりできる人だったからこそ、謀略を駆使して人の心の裏側まで読むことができたのかもしれません。

斎藤道三

美濃のマムシの下剋上

今回は斎藤道三を紹介します。

道三に関しては国盗りまでのストーリーが有名で、油売りから戦国大名となり、下剋上を果たしました。謀略や裏切りを繰り返して成り上がっていった道三は、下剋上の代名詞と言われています。

しかし、現在ではこの経緯は道三とその父の2代で成し遂げたという説が有力視されています。果たしてどういうことなのか…道三の生涯を紹介しながら、じっくりと見ていきましょう。

僧→商人→武士

まずは道三一代での物語と考えて前半生を見ていきましょう。

1494生まれとも、1504年生まれとも伝わる道三は、北面の武士（上皇の警護）を代々務める家に生まれました。

少年時代に京都で出家し僧となりましたが、その後還俗し、松波《まつなみ》庄《しょう》五郎《ごろう》（庄九郎とも）と名乗り、油売りの商人となります。

そこで、油を売るパフォーマンスが評判となりますが、とある武士に「その技を武芸に使えばいいのに」と言われたことから一念発起して武芸の腕を磨き、知人の紹介によって美濃守護・土岐《とき》氏の家臣・長井長弘《ながいながひろ》に仕えることになりました。そこで長井家の家臣である西村氏の名跡《みょうせき》を継ぎ、西村勘九郎を名乗るようになったのです。

油売りから
戦国大名になった男
斎藤道三
美濃のマムシ

※名跡を継ぐ…血縁関係のないものが家名を継ぐこと

回 土岐頼芸の重臣に

西村勘九郎の有能さは土岐一族の土岐頼芸《よりなり》の耳にも届くようになり、そこでも彼は重用されるようになっていきました。

いつごろかは不明ですが、彼は長井姓を許され、長井新左衛門尉《しんざえもんのじょう》を名乗るようになっています。

ちょうど頼芸は兄・頼武《よりたけ》と争いを繰り広げており、新左衛門尉は頼芸を助けて活躍するようになっていきました。

すると、同様に頼芸から信頼を受けている主筋の長井長弘が邪魔になって来たのかもしれません。新左衛門尉は、長弘が頼武と通じたという名目で、彼を上意討ちしてしまったのでした。

※上意討ち…主君の命を受けて、罪人を討つこと

ここまでの話はかつては道三の半生として語られてきましたが、実はこの辺りまでは道三ではなく、道三の父の生涯だったという説が有力です。

その説によれば、長井新左衛門尉の跡を継いだ息子・長井規秀《ながいのりひで》が、後の斎藤道三ということになります。

それでは、ここからは道三の話を見ていきましょう。

下剋上

道三は土岐頼芸を支え、頼芸と対立する頼武の息子・頼純《よりずみ》との抗争に身を投じました。頼芸が美濃守護の座を手にしたのは、道三の力があればこそだったのです。

その頃、道三は守護代・斎藤氏の名跡を継ぐこととなり、そこで初めて斎藤姓を手にし、斎藤利政《としまさ》となりました。

しかし、頼芸と頼純が和睦すると、道三はついに真の目標に向けて動き出します。

彼の狙いは、下剋上だったのです。

1541年、道三は頼芸の弟を毒殺しました。当然、これによって道三と頼芸の関係は悪化します。道三は頼芸のいる大桑城《おおがじょう》（岐阜県山県市）を攻め、頼芸を尾張へ追放。事実上の美濃の国主となったのでした。

頼芸の巻き返し

しかし、道三も頼芸の巻き返しには苦戦しました。

頼芸は尾張の織田信秀《のぶひで》の支援を得たうえ、越前（福井県）に逃れていた頼純と彼を支援する朝倉氏と連携し、道三に立ち向かってきたのです。

美濃に進攻してきた軍勢に対し、道三は居城の稲葉山城（岐阜県岐阜市）に籠城して対抗しました。この時は道三の巧妙な用兵術によって、見事相手を敗走させることに成功しています。

頼純は討死したとも言われていますが、その一方で病死と見せかけた暗殺だったとも伝わっています。もちろん、手を下したのは道三でした。

実は、頼純は道三の娘婿でした。そのため巷ではこのように囁かれたそうです。

主をきり　婿を殺すは　身のおわり（美濃尾張）　昔は長田　今は山城

長田は長田忠致《ただむね》という武将のことで、平安末期、源頼朝の父・義朝《よしとも》を討った人物で義朝に仕えていた自分の婿も殺しています。

山城とは、山城守を名乗った道三のことを表しています。

「うつけ」の婿・織田信長と対面

頼芸やそれを支援した織田信秀を破った道三は、信秀と和睦を結ぶことになりました。そして、道三の娘・帰蝶《きちょう》（＝濃姫《のうひめ》）と信秀の嫡男・信長との結婚話がまとまったのです。

当時の信長と言えば、大うつけとして有名でした。道三を前にしても柱に寄りかかったままの信長に、家臣たちは憤慨します。そんな家臣たちに、信長が去った後、道三はこう言います。

「いつか我が息子たちは、あいつの門前に馬をつなぎ、家来に成り下がることだろう」

信長の兵たちの装備が自分の兵たちよりもすぐれ、実はよく訓練されていることや、信長の振る舞いが実は自分の虚をつくためのものだったとい

うことに、道三だけは気づいていたのでした。そして、彼の言葉は後に現実のものとなるのです。

⓾長男との亀裂

1552年、美濃平定を成し遂げた道三は、その2年後に息子の義龍《よしたつ》に家督を譲って出家し、ここで「道三」を名乗るようになりました。

しかし、道三は義龍を嫌っていたのです。そればかりか、義龍の弟たちばかりを可愛がっていました。俗説ではありますが、義龍の実の父が、道三ではなく土岐頼芸だったために冷淡な態度を取ったと言われています。

父の態度に、義龍は家督を弟たちに奪われるのではないかという危機感を覚えていました。そして、彼は2人の弟を殺して道三に反旗を翻したのです。

1556年、道三と義龍は長良川の戦いで雌雄を決することになりました。

自らの才覚によって下剋上を果たした道三は、「美濃のマムシ」として周辺勢力に恐れられる存在でしたが、この時、彼のもとに集まった兵力はわずか2千7百。

義龍軍1万7千5百に比べて、意外なほど少ない数でした。というのも、美濃には土岐氏を慕う勢力が多く存在しており、道三が下剋上をした経緯をみなよく知っていたからです。

道三は敗北し討ち取られました。娘婿の信長は道三の加勢に向かいましたが、間に合いませんでした。

親子2代での長い下剋上プランを着実に実行した道三は、やり手だったと言えると思います。しかし、それが自分にどう跳ね返ってくるかまでは、緻密な計算の範囲外だったのかもしれません。

宇喜多直家

狙った獲物は必ず始末する男

今回は、宇喜多直家を紹介します。

自分にとって不都合な相手を葬り去る常套手段と言ったら、暗殺。

戦国時代ですから、まれに使う手ではありますが、宇喜多直家が他の戦国大名と違うのは、その暗殺という手段を使いまくったところ。

毒殺、謀殺だけでなく、ヒットマンを雇って決行したこともありました。

苦労の幼少時代

1529年に誕生した直家ですが、その人生はいきなり波乱含みでした。

浦上《うらがみ》家の家臣だった宇喜多家は、祖父・能家《よしいえ》が知勇兼備の有能な人物だったものの、不仲の同僚・島村盛実《もりざね》に攻め殺されてしまい、幼い直家は父と共に放浪生活を送らねばなりませんでした。

しかも父はその中で病死してしまい、お家の再興はまだ幼かった直家に託されました。おそらく直家は、お家再興の野心と祖父を殺した島村盛実への恨みを胸に成長したのでしょう。

成人した直家は、備前（岡山県東南部など）の戦国大名・浦上宗景《むねかげ》に仕えました。そして初陣で武功を上げ、出世への道を切り拓いていったのです。

祖父の仇討ち

直家の祖父を殺した島村盛実は、その後、浦上家内で権勢をふるっていました。

祖父の仇を討つために彼が取った手段は、島村に謀反の疑いありという濡れ衣を着せることでした。これによって島村はあっさり殺害され、直家の仇討ちは成就します。

この頃、直家は同じ浦上家臣の中山信正《のぶまさ》の娘を娶っています。

信正は直家の能力や野心を見抜いていたからこそ姻戚関係を結ぼうと考えたのかもしれませんが、そんな絆が直家に通用するはずもなく、信正も謀反の容疑で殺されてしまいます。

もちろんその容疑を告発したのは直家。妻の父に対しても容赦がありません。

信正の所領は直家のものとなったのでした。

◉美少年を使って暗殺

さて、直家の次なるターゲットは、穝所元常《さいしょもとつね》という武将でした。

彼は、浦上氏と敵対する備前西部の松田氏の重臣であり、直家の勢力拡大にとっては邪魔な存在でした。しかし元常は武勇で知られた人物で、真っ向から戦っても勝てそうにありません。そこで直家はまたも謀略を巡らせます。

元常は美少年好きで有名でした。それにつけ込む形で、直家は自分の美少年小姓・岡清《おかせい》三郎《ざぶろう》を送り込むことにします。

元常が川での催し物を見物しに来たところで清三郎に笛を吹かせました。すると、美少年に目がない元常はすぐに清三郎に目を付け、さっさと城へ連れて帰ります。元常の家臣たちは、「そんなどこの馬の骨とも分からん奴は危険です」と注意したそうですが、清三郎の美貌に骨抜きになった元常は聞く耳を持たず、清三郎を常にそばに控えさせるようになりました。

十分深い仲になったところで、元常は清三郎と酒を酌み交わした後に寝入ってしまいます。そして清三郎は、寝ている元常に脇差を突き立てたのです。

こうして、清三郎が元常の首を持ち帰ると、直家はすぐに彼の城を攻め落として西備前への進出

の足掛かりを築いたのでした。

スナイパーを雇って暗殺

次の暗殺は前代未聞、日本史上初ではないかと言われている、銃を使っての暗殺です。備中（岡山県西部）の三村家親《みむらいえちか》は手ごわい相手で、直家は何度も負かされていました。正攻法ではとても勝てないと判断した直家は一計を案じます。

彼が声をかけたのが、浪人の遠藤秀清《ひできよ》・俊通《としみち》兄弟でした。

彼らは銃の扱いに長けており、一般的な火縄銃だけでなく、短筒《たんづつ》、いわばピストルを扱うこともできました。

遠藤兄弟は短筒を手に、三村家親が家臣と軍議を開いている寺へと忍び込み、見事暗殺を成功させたのでした。

寝返らせて殺す

次なるターゲットは榻所元常の主・松田元輝《もとてる》です。

まず直家は、松田家の重臣である伊賀久隆《いがひさたか》に妹を嫁がせ結びつきを強めます。

この頃、三村勢力と明善寺《みょうぜんじ》合戦が行われたのですが、松田元輝・元賢父子は直家に援軍を出しませんでした。

後日、松田方が鹿狩りを行った時のこと。なんと、松田方の重臣が宇喜多側の者に射殺されてしまったのです。

宇喜多側の言い分は、

「鹿と間違えた」

というものですが…そんなわけはありません。

しかし、松田父子は援軍を出さなかった負い目や、これ以上の関係悪化を恐れてこの言い訳を受け入れるしかありませんでした。

これで松田家内では不満が続出し、主と家臣の間に亀裂が生じます。

元輝と不仲になった家臣の中には伊賀久隆もいたのですが、直家は妹を嫁がせていたこともあり、あっさりと彼を寝返らせることに成功しました。

そして伊賀は松田父子を殺害したのでした。

言いがかりをつけて殺す

直家が、次に目をつけたのは、石山城主・金光宗高《かなみつむねたか》でした。

金光はかつて三村家の家臣でしたが、スナイパー作戦で三村家親が暗殺された後、直家の元に出仕していました。その金光の城である石山城が直家の狙いでした。

この城は後の岡山城になるのですが、備前制覇を狙う直家としては、ここを居城にして城下町を築きたかったのです。

しかし、金光がいる以上は自分のものにはなりません。そこで直家は金光に言いがかりをつけました。

「お前、毛利に通じてるだろう？」

もちろん濡れ衣ですが、金光の否定は受け付けられるはずもありません。金光は切腹へ追い込まれ、城は直家のものになりました。

独立作戦

直家の野望の到達点は下剋上でした。彼は主君・浦上宗景に対して反旗を翻します。

戦いに備えてあらかじめ播磨（兵庫県南西部）の赤松政秀《あかまつまさひで》や、織田信長と結んでいました。

ところが、ここで直家の目論見に誤算が生じます。赤松が対立する小寺氏・黒田氏に敗北。信長もまた畿内の安定のために兵を戻さねばならず、直家の軍は孤立してしまったのでした。

一度目の挙兵は失敗に終わった直家ですが、5年後に態勢を立て直し再び主に戦いを挑みました。

このとき浦上家は、兄と弟で勢力が分裂しており、直家はこれに乗じます。宗景は弟ですが、直家は宗景の兄・政宗の孫の久松丸《ひさまつまる》を担いで挙兵したのです。加えて、5年の間に直家は裏工作によって宗景配下の家臣を離反させることに成功し、さらに宗景と仲の悪かった毛利家とも結んでいました。

こうして決戦に勝利した直家はついに備前を手中に収めたのでした。

無念の病死

備前の戦国大名となった直家ですが、織田信長による中国攻めが始まりました。ただ、この時すでに彼は病魔にむしばまれていたようです。跡継ぎの秀家はまだ幼く、家督を譲るにはあまりに心細いものでした。

その頃、かつて寝返らせた伊賀久隆が宇喜多家内で力を持っていたのですが、その彼が1581年に突然亡くなります。これは、息子の行く末を案じた直家による毒殺と言われています。これが最後の暗殺だったでしょうか。

結局、この年に直家も亡くなりますが、家督を継いだ秀家は、直家が重用した家臣や直家の弟・忠家らに支えられて宇喜多家を守っていくこととなります。

ちなみに忠家は、兄の直家に会う時は衣類の下に鎖かたびらを着けていたそうです。

第6章

戦国時代の忍者たち

忍者とは？

影に生きた者たち

本章で取り上げるのは忍者です。

謀略、裏切り、暗殺が横行し、身内ですら信用できない血で血を洗う戦国時代。

そんな時代を象徴するのは、なにも戦場で武功を立てる戦国武将だけではありません。

闇を駆け抜け、ただひたすらに標的の命を狩る暗殺者——そう、「忍者」。そのミステリアスな存在は、現代でも我々の心をつかんで離しません。

しかし、実際のところ「忍者とは何か？」ということを正しく理解している方は少なくないのではないでしょうか？

そこで今回は、戦国時代に活躍した「忍者」について、基礎的な部分や代表的な人物を紹介していきたいと思います。

忍者とは？

まずは「忍者とは何か」という基本的な部分から始めましょう。

忍者とは、戦国時代から江戸時代にかけて存在した、破壊工作員や諜報員の総称です。また、医学・薬学・科学の研究を行っていたとの記録もあり、当時としては画期的な技術を「秘伝」として伝えていたという話も残っています。

「火を吹く」とか「水の上を走る」とか、現在の我々のイメージする忍術は、ひょっとすると科学の力だったのかもしれません。

ルーツとしては室町時代中期ごろの「悪党」の家のものが多かったようです。そのため、基本的には農民などの下層階級出身者でしたが、中には武士階級出身ながら忍者を生業とし、多くの部下を率いた忍者組織もあったと伝わっています。

では次に、有名な忍者をいくつか紹介していきましょう。

忍者大名　服部半蔵

忍者について紹介するなら、徳川家康に仕えた「伊賀の忍者大名」として有名である服部半蔵は外せません。

「服部半蔵」とは、伊賀出身の一族服部氏の当主が代々襲名する名前でした。室町時代後期、伊賀には「服部氏」から分かれた忍者の一族「千賀地《ちがち》」「百地《ももち》」「藤林」の3家が存在していましたが、狭い土地に3家がひしめく状況で、生活はすぐに困窮。これに危機感を覚えた千賀地家の当主・千賀地半蔵保長が、旧姓の服部を名乗って室町幕府に仕えだしたのが、「忍者・服部半蔵」の表舞台デビューでした。

とはいえ、時代は室町幕府の衰退期だったため保長は室町幕府を出奔。各地を放浪し、流れ流れた先で三河の松平家に拾われ、家康の祖父・松平清康に仕えることになるのです。

こうして松平家に仕えることになった服部忍軍は、破壊工作や諜報だけでなく、戦場での武功でも大活躍。この働きが気に入られた服部家は、松平家が徳川家と名を変えた後もたいそう重用され、2代目・服部半蔵正成の頃には立派な大名としての地位を得て、伊賀忍軍を率いる「大名」という立場となったのです。

つまりまとめると、

「忍者」としての服部半蔵＝初代・服部半蔵保長

「大名」としての服部半蔵＝2代目・服部半蔵正成

という形になります。

ややこしいですが、「忍者ハットリくんは初代のみ」と覚えておけばいいかもしれません。

◎幻術使いの暗殺者　加藤段蔵

忍者らしい忍者という意味では、加藤段蔵もかなり有名です。

風魔一族に師事して幻術を学んだ段蔵は、幻術の冴えを買われて上杉謙信に仕えますが、その優

れすぎた技術を恐れられ、秘密裏に暗殺を企てられることになりました。

そんな気配を察した段蔵は越後を逃げ出し、今度は武田家に仕えます。

しかし、段蔵は上杉に帰るために武田家秘蔵の書物を盗み出してしまうのです。

それが発覚してしまい、首を斬られてその生涯を終えた、というのが、歴史的な観点から見る加藤段蔵です。

段蔵の面白い部分は、数々残るエピソード。

「鳶加藤」という異名が示すように飛翔術や歩行術に優れ、高い塀や深い堀を事もなく飛び越したとか、上杉謙信に取り入るために幻術で牛を呑み込んだとか、越後から逃げる時にクグツ人形に自分の代わりをさせたとか、面白いエピソードが数多く残っています。

今の我々が想像する「忍者」に一番近い存在。それが加藤段蔵という人物なのです。

◎影に生きた忍者たち

戦国乱世の中で、工作活動や諜報活動など、ある意味で一番現代的な部分に携わっていた忍者という存在。

目立つ存在ではないものの、彼らの存在が歴史に与えた影響が決して小さくないことは、後世に数多く残る創作の部分からも読み取れることだろうと思います。

とはいえ、ここで紹介出来た忍者たちはほんの一部。

他にも面白いエピソードや濃い存在感を放つ忍者たちは、日本史上に数多く存在していますので次項から紹介していきます。

黒脛巾組

伊達政宗の忍者集団

目に見える戦いの裏ではひそかに情報操作、謀略といった特殊工作を行っていた忍者集団。

今回はその中でも、再三にわたり伊達政宗の命を救った忍者集団、黒脛巾組《くろはばきぐみ》をご紹介します。

伊達家の「草」

忍者は戦闘面でも活躍しましたが、泥臭い地道な情報戦も重要な任務の一つ。敵の情報を探ったり、時には敵方にフェイクニュースを流してかく乱したり、調略、謀略はお手のもの。目に見えない影の働きをしていました。

東北の雄、独眼竜政宗こと伊達政宗もそんな忍者軍団を抱えていたようです。

『政宗記』には「奥州の軍言に、草調儀《くさしらべのぎ》或《あるい》は草を入る、或は草に臥《ふす》、亦《また》草を起す、扨草《さてくさ》を捜すと云ふ有。まず、草調儀とは、我領より他領へ忍びに勢を遣はすこと、これ草調儀といへり」とあります。

草とは忍者のこと。

「草調儀」とは他領へ忍びを潜入させること。敵城から近い順に一の草、二の草、三の草のように分けて忍ばせたとあり、「草を入る」といいます。「草に臥」は敵の領地に潜入し諜報活動を行うこと、「草を起す」は敵領から出かけていく敵の忍者を討ち取ること、「草を捜す」は自分の領地に入り込んだ敵の忍者を見つけ出して討ち取ることを指しています。

これが書かれた『政宗記』には黒脛巾組の名前はありませんが、政宗が忍者を使っていたと思われる証となります。

黒い脛当て

政宗が創設した忍者軍団の名は「黒脛巾組」。黒ずくめの影の軍団というどこか怖いイメージをもつかもしれませんが、おそろいの黒の脛当てを付けていたためにつけられた名前です。

『伊達秘鑑』によると、政宗は山賊や夜盗の中で武芸に心得のあるもの50人を選び、柳原戸兵衛、世瀬蔵人を首長として黒脛巾組と称し、家臣の安部重定に統率させたと記されています。

『老人伝聞記』にも、農民などから腕に覚えのある者を選んで黒脛巾組を創設したとあります。その仕事は戦闘というよりも商人や山伏などに変装して敵国に潜入し、諜報活動や敵の情報かく乱などの特殊活動が中心だったようで、道案内や敵の忍者の探索のほか、兵糧や竹木、武器などの運搬にも携わったようです。

実際の活動についてては影の存在のためあくまでも極秘裏に行われ、その実態についてては明らかにされていませんが、人取橋《ひととりばし》の戦いや摺上《すりあげ》原《はら》の戦いで活躍したことは伝えられています。

人取橋の戦い

1585年、二本松城主・畠山義継《よしつぐ》によって父の輝宗を殺された政宗はすぐに二本松に攻め込みます。

ところがこれを機に台頭著しい伊達家を滅亡させようと、佐竹氏を筆頭に、蘆名氏、岩城氏、石川氏、白河氏、二階堂氏、相馬氏の南奥州の7大名が反伊達の連合軍を結成して出陣してきました。

この時の連合軍の兵力は3万、政宗軍はわずか8千5百と、政宗大ピンチ！　人取橋で両軍が激突しましたが、当然ながら数の上で優位な連合軍が押す展開になります。

しかしその矢先、驚くことが起こります。有利だったはずの連合軍が突然、撤退していったのです。佐竹氏の本領が水戸の江戸氏に攻められたため佐竹軍が引きあげ、ほかの部隊も続いて撤退したとされています。

ところがこれはあくまでも表向きの理由。その歴史の裏でなんと黒脛巾組が暗躍していたと『伊達秘鑑』は伝えています。

もともと政宗は黒脛巾組の報告により、反伊達の連合軍が殺到してくることをいち早く知らされていました。しかしこの連合軍、一皮むけばその思惑はバラバラの寄せ集め集団。それに目をつけた政宗が黒脛巾組に秘策を授けていたのです。

連合軍の陣営に潜入した黒脛巾組。

佐竹や蘆名陣営には「石川と白河は政宗の親戚なので連合軍を裏切るつもりらしい」というデマを流しました。

反対に石川と白河の陣営には、「ほかの大名たちがあなたたちの裏切りを疑い、討伐しようとしているらしい」という噂を流します。

事実、石川、白河は政宗の親戚であり、佐竹の威勢を恐れてしぶしぶ連合軍に参加しただけのこと。参加してやっているのに逆に討伐されてはたまりません。

そんな不信からか人取橋の戦いでも石川、白河の部隊は戦いに参加せず見物していたと伝えられています。

こうなれば佐竹側は石川らが裏切るのではないかと疑心暗鬼。仲間同士が腹の探り合いとなればもう戦いどころではありません。

撤退の直接の動機は江戸氏の急襲でしたが、偽の情報にだまされ混乱に陥っていた連合軍は戦いどころでなく、これ幸いと撤退を始めたのが真相だったのではないかといわれています。

摺上原の戦い

1589年の摺上原の戦いでも黒脛巾組が勝利に大きな貢献をしています。

会津奪取をもくろんだ政宗は、黒脛巾組の太宰金七を会津黒川城下に潜入させます。

当時会津では佐竹義弘が蘆名氏の養子に入る形で黒川城主になっていましたが、これを不満に思う蘆名の家臣も多く、争いが生じていました。

太宰は会津でこうした内紛の情勢を探りだし、政宗に報告。また、蘆名一族の盛国とその子に内紛を起こさせ、盛国を伊達に内応させることに成功します。

あわせて政宗は黒脛巾組の大林坊俊海《だいりんぼうしゅんかい》を黒川城に潜入させました。

俊海は黒川城の武器の数、人間関係などを探り出し、さらに農民から地形、天候などを聞いて逐一政宗に報告します。そして決戦の日、政宗は俊海のアドバイスに従って摺上原の東側に布陣し、俊海にはある重大な特命を与えました。

戦いは当初、蘆名軍が優勢でしたが、午後になり強い西風が東風に変わると一気に形勢が逆転、蘆名軍は風を受けて押され気味になり撤退を始めます。

ところが日橋川まで撤退した蘆名の兵はそこで目を疑いました。

なんと日橋が焼き落とされていたのです。

そう、政宗は俊海にあらかじめこの橋を落としておくよう命じていたのでした。

後ろには迫る政宗軍、目の前は急流。逃げ場を失って総崩れとなった蘆名勢は急流に飲み込まれ次々と溺死。

この橋落としが伊達の大勝利につながったといわれています。

家督を継いでからわずか数年で奥州を席巻した政宗。その武勇は広く鳴り響きましたが、その勝利には黒脛巾組の暗躍も大きかったようです。

◎今に続く黒脛巾組

黒脛巾組はスパイ活動で、もう一度政宗の命運を左右する大仕事をしています。

天下人になった豊臣秀吉から再三挨拶に来るように命じられながらも政宗は行きませんでした。やがて秀吉の政宗に対する怒りは頂点に達します。

この時、行くかどうか、行くならどうすればよいか迷っていた政宗は太宰金七を秀吉のいた小田原に潜入させ、秀吉の動静を探らせました。太宰からの報告を受けて行かねばまずいと察知した政宗は、決死の覚悟で秀吉の前に現れ、間一髪で命拾いをしたのです。

そんな黒脛巾組ですが、なかには表舞台で活躍した人もいました。

柳生心眼流の祖竹永隼人も黒脛巾組の一員だったとされています。武芸に心得のあった彼は江戸で柳生宗矩に師事し、新陰流の免許皆伝を得て、やがて心眼流を開き、伊達藩士に稽古をつけるなどしました。

この柳生心眼流は今も受け継がれています。

戦国の忍び

武田家の三ツ者

今回は、武田家の三ツ者《みつもの》について紹介します。

武田信玄と言うと、戦国最強と謳われた武田騎馬軍団を率いて正面切っての力攻めのイメージですが、実は戦国大名の中でもＢｅｓｔ３に数えられる「忍びの者」を巧みに操った大名でした。

ここでは武田家に仕えた忍者について見ていきましょう。

甲州透波

甲斐の国では甲州透波《すっぱ》と呼ばれた忍びですが、信玄は20代前半の若いころから情報の重要性を理解し、甲賀や信濃の忍びを雇って独自の組織を作り上げます。

戦場においては「伏せかまり」「くさかまり」と呼ばれ、物見や敵陣に忍び込んであらぬ噂を流したり、火事騒ぎを起こしたりと撹乱戦法を得意としました。

また透波たちは2人1組となって他国へ散らばり、決められた日時に国境まで戻るとつなぎ役として待ち構えている者に情報を伝え、その足で潜入先まで立ち返ります。

つなぎ役は早馬で躑躅《つつじ》ヶ《が》崎《さき》館《やかた》に戻り信玄に報告するという、タイムロスの少ないネットワークが築かれました。

早馬が駆けやすいようにカーブの少ない「棒道《ぼうみち》」も造られ、狼煙による伝達法も整備されます。この情報網の広さから信玄は「足長坊主」とあだ名されました。

1542年と言えば、父武田信虎を追い落として信玄（当時は晴信）が自立した頃ですが、

その隙を突いて北信濃の村上義清・南信濃の諏訪頼重・府中の小笠原長時が、信玄をつぶそうと結集します。

この動きを察知した信玄は、当時70人ほど居た透波の中から特に優れた30人を選び妻子を人質に取り、飯富《おぶ》虎昌・板垣信方・甘利虎泰の重臣3人に10人ずつを配し、その指揮のもと敵方3将に対して調略活動を始めます。

このさまを武田家の軍学書『甲陽軍鑑《こうようぐんかん》』は「信濃の国より抱へ置き給うすっぱ70人の内より30人、足手すくやかなる者を選び出し、」「妻子を人質に取り、甘利備前に10人、飯富兵部に10人、板垣信方に10人、右30人の人質を三処にあずけ」と記しています。

その成果もあって諏訪頼重を自害に追い込み、信玄はその後も数度の戦いに連勝します。

しかし、1548年、葛尾城《かつらおじょう》城主・村上義清との「上田原の戦い」では、多くの将兵を失い敗れます。特に宿老の板垣信方・甘利虎泰を失う痛手をこうむり、自身も傷を負って温泉で一月余りの湯治治療を余儀なくさせられました。

武田家の三ツ者

これを機に諜報組織の強化に手を付けた信玄は、領国内の農民・商人・職人・旅芸人など、身分の上下を問わずコレと見込んだものを選び出し、「忍び」として育て上げます。

この新しい集団は「三ツ者」と呼ばれますが、総勢で200人余りの大所帯でした。

これらの者は医者・商人・僧侶・修験者・博労などに身をやつして諸国へ潜り込み、相手国の城や砦の立地状況・街道の様子・戦になれば動員できる兵馬の数から始まり、領主の家庭の内情や家臣の力関係、いがみ合っている者はいないか、親しく交わっているのは誰と誰かまで徹底的に調べ上げます。

信玄はこの報告を基にどんな噂を流すのが扇動工作に効果的か、寝返らせるならどの武将を狙うかなどと策略を練ります。

付け火をしたり強盗を働いたり刃傷沙汰を惹き

審査委員長
信玄さん
忍びオーディション
めざせ
三つ者!!
おまえ
おまえも
おまえ
忍者を巧みに使う武田信玄
女性も歓迎!
女スパイ歩き巫女
ARUKIMIKO48

起こしたり、穏やかでない噂を流して不安な空気を醸し出すのも作戦のうちでした。

また信玄は三ツ者とは別に、富士山浅間神社に仕える御師《おし》を忍びとして利用しました。富士御師とは宿坊施設を持ち、全国から浅間神社へ詣でる富士講信者の寝泊まり、食事や参拝の世話をする者ですが、各地を回って浅間神社信仰を広める役目も引き受けています。

御師は諸国を自由に往来してお札を配り、加持祈禱を行うため町家や武家屋敷に出入りしても怪しまれないので、情報収集や相手を内密に抱き込むのに持ってこいだったのです。

信玄は御師の中に20人の「透波《すっぱ》侍《ざむらい》」を紛れ込ませ、一緒に諸国を巡らせて調略活動を行わせました。

三ツ者も御師も旅をして歩きますが、これとは別に一国に最低一人の忍びを住まわせて、そこで暮らしてこそわかる情報も集めました。

◎歩き巫女

「三ツ者」「浅間神社の御師」を駆使した信玄ですが、他にも「歩き巫女」に扮した女忍びの一隊を組織していました。

これは御師からヒントを得たようで、国々を自由に往来できる、お祓いと称して他人の家にもするりと入り込める、なにより男では出入りしにくい武将の妻や側室の奥向きにも入れる特性があります。

「歩き巫女」というのは特定の神社に仕えるのではなく、全国を歩き回ってお祓い・祈禱・占い・神託などを行い生計を立てる巫女たちでした。旅芸人や遊女を兼ねる者も多く、旅先での珍しい話を披露するなど、年に一度廻って来るのを楽しみに待っている人々も多かったのです。

そして巫女たちは生霊や死霊を呼び出す〝口寄せ〟も行いました。夫や息子を戦場へ送り、生死もわからぬまま待ち続ける辛い生活を送る女たちの、愚痴の聞き役でもあったのです。

よそ者で明日は何処かへ旅立って行く者だからこそ、他人には洩らせない話を聞き込むこともできました。

ただ戦国時代、女性でなければ入り込めない場所は多かったはずですし、権力を持った男たちが、美しい巫女に心を油断させることも充分に考えられます。

信玄は良い所に目を付けました。豪快さが強調される信玄ですが、知略にも長けていたということでしょう。

風魔小太郎

後北条氏を支えた異形の忍者

戦国時代の忍者たち、最後に紹介するのは風魔小太郎です。

戦国武将の中には、武田信玄や徳川家康など忍びの者を従えた武将もいました。

後北条氏も、風魔一族という忍者集団を配下としていたと言われています。その風魔一族の頭領が「風魔小太郎」です。

後北条氏が関東で覇を唱えるのに大きな貢献を果たした彼は、いったいどんな生涯を過ごしたのでしょうか。じっくりとご紹介しましょう。

風魔一族とは

伊勢宗瑞《そうずい》（北条早雲）から北条氏直《うじなお》までの5代にわたり、小田原を中心に関東地方に覇を唱えた後北条氏。

あっという間に勢力を拡大したこの後北条氏に、一説には早雲のころから風魔一族は仕えていたと言われています。

戦国武将にとって、忍びによる他国の情報は重要なものでした。風魔一族は、忍びとしての能力を生かし、諜報・破壊活動、暗殺などに従事していました。

時には盗みも働いたようですが、彼らの持つすぐれた騎馬技術は、味方にしておきたいと後北条氏に思わせるに十分だったのでしょう。

風魔一族の頭領は代々「風魔小太郎」を名乗りました。

その中でも、5代目の風魔小太郎を今回はご紹介したいと思います。

◎異形の小太郎

5代目風魔小太郎は、北条氏政《うじまさ》や氏直の時代の人物だと考えられており、歴代の風魔小太郎の中でも最も有名です。

まず有名なのが、その異形ぶり。身長は7尺2寸（約216センチ）、筋骨隆々で目は逆さに裂け、黒ひげを生やしており、口は両脇に裂けていて牙4本が外に出ているという有様。さらに、頭は福禄寿《ふくろくじゅ》（七福神のひとりで頭が長い）に似ていて鼻が高く、声は50町（約5・5キロ）先まで届くというのです。

これではもはや人ではないので、かなり脚色されていると思われます。

風魔小太郎が活躍したのが、後北条氏と武田勝頼《かつより》との戦いでした。小太郎は200人の忍びを従え、黄瀬川《きせがわ》（静岡県）付近で激突した両軍の戦いに臨みました。

風魔一族は激流をものともせずに渡ると、雨が降ろうが風が吹こうがおかまいなしに毎日のように武田方に夜襲を仕掛け、大混乱に陥れたそうです。また、単に夜襲をするだけではないのが風魔のスタイル。馬に藁人形を載せて敵陣に追い込み、敵兵が「なんだ、藁人形じゃないか」と油断したところで本当に夜襲を食らわせたり、馬を盗むとその横っ腹に張り付き、まるで人が乗っていないように見せかけながら縦横無尽に走り回ってみせたりと、やりたい放題でした。

その上、そこら中で略奪や放火を繰り返し、生け捕った兵はなぶり殺し。敵陣に紛れ込んでは「鬨の声」をあげまくるなど、武田勢は毎晩疲労困憊。疑心暗鬼になってしまったそうです。

そんな中、一矢報いてやろうという武田の兵たち10人ほどが、引き揚げる風魔一族に紛れて後北条方の陣に潜入しようとしました。

しかし、風魔には紛れ込んだ敵を見分ける術があったのです。

松明を灯すと、一斉に立ち、一斉にしゃがむという「立ちすぐり居すぐり」という動作を行い、もちろんそれについていけない武田の兵はあっさり見つかってしまい、斬って捨てられてしまいました。

後北条氏滅亡後

豊臣秀吉による小田原征伐で後北条氏が滅亡すると、仕える主を失った風魔の一党は、生きていくために盗賊になり、江戸近郊を荒らしまわったと言われています。

とはいえ、もともと盗みなどを働いていたようですから、元に戻ったと言うべきか。

そんな風魔について述べたとも言われている文書が残されており、そこには「風間出羽守《かざまでわのかみ》」なる名前が登場するそうです。その人物は岩付城《いわつきじょう》の警備を任されていたようです。

同一かどうかはわかりませんが、「風間某が滞在するので宿を用意するように。何かあれば訴えるように」と、ある人物に後北条氏から命令があったのですが、翌年になって訴えがあったようで、以後、風間某は在宿させないようになったそうです。

盗みでも働いたのでしょうか。

敵対する相手に密告されてしまう

盗賊になってもやりたい放題の風魔一族を苦々しい思いで見ている者もいました。それが、高坂甚内《こうさかじんない》という男です。

彼は武田の忍びだったとも言われており、この時は盗賊に身をやつし、小太郎とは対立していました。盗賊同士の縄張り争いもあったのでしょう。

この甚内ですが、盗賊でありながら、江戸の治安回復を徳川家から頼まれました。これをチャンスとばかりに、甚内は徳川に「関東の盗賊はみんな風魔の残党です」と密告し、盗人狩りが行われることになったのでした。

小太郎の最期についてははっきりしたことはわかりませんが、この盗人狩りで江戸近辺の盗賊は根こそぎ捕らえられて処刑されたそうで、その中には小太郎や風魔一族もいたと言われています。1603年のことでした。

小太郎を密告した人物の末路

後北条氏を支えて暗躍し、敵に恐れられた忍びにしては、あっけない最期だったと言ってもいいでしょう。

しかし、忍びとは、使ってくれる主がいてこそ能力を存分に発揮し、その名を天下に高からしめることができるわけで、主を失った風魔小太郎は、もはや盗賊になるしか道はなかったのかもしれません。

さて、小太郎の敵であり彼を密告した高坂甚内ですが、彼にも小太郎と同じような最期が待ち受けていました。

江戸幕府を開設し、天下を統べる地位についた徳川家は、もはや彼のような盗賊を使うことはありませんでした。

甚内は徳川家から切り捨てられ、今度は追討される立場となってしまいます。

そして小太郎同様に捕らえられ、市中を引き回された挙句に磔にされたそうです。

これが、小太郎の死から10年後の1613年のことでした。

最期は残念な形でしたが、忍びとしての能力は一級品だったわけで、だからこそ後北条氏は関東で長く覇権を保ち続けていられたのでしょう。

第7章

知る人ぞ知る戦国のサイドストーリー

おあむ物語

老尼が語る籠城戦のリアル

今回ご紹介するのは『おあむ物語』。おあん（おあむ）様と呼ばれた女性が、1600年夏の前後に実際に体験したことを、年老いてから近所の子どもたちに話して聞かせた物語です。この話を幼い頃に聞いて覚えていたおあん様の親族が、のちに書き記したものです。近所の子どもたちが老尼のもとに集まってきて、「おあん様、昔の話をしてくださいい」と言うと、老尼は語り始めました……。

はい
はい
ホホホ…
おあん様あ〜
昔の話をしてくださいよぉ〜
おはなししてくださぃ!!
おあんのお話しぶくろ

石田三成、挙兵

「わしの父上は山田去暦《きょれき》といって、石田治部少輔三成殿に仕え、近江国の彦根におられた。その後、石田治部様が挙兵されたとき、父上は美濃国大垣の城へ入るよう命じられ、わしら家族も皆一緒に大垣のお城に籠ったのじゃ」

「おあん様」とは尼僧に対する尊称、あるいは本名の「あん」に敬称を付けたものと考えられています。当時17歳だったおあん様は、父とともに関ヶ原の戦いに巻き込まれます。

おあん様の父親・山田去暦は石田三成に仕え、彦根に300石の知行を得て暮らしていました。

下級武士の貧しい生活

去暦一家は、普段の食事は朝夕の雑炊だけ、という貧乏暮らしでした。

おあん様の兄は鉄砲が上手かったらしく、食料の足しにと、たびたび山へ獲物を撃ちにいったそうです。兄の持ち帰る山の幸はもちろん、弁当にする菜飯のおこぼれに預かるのが楽しみだった、とおあん様は語ります。

衣服も粗末なものでした。おあん様が持っていた着物は、13歳のときに自分で仕立てた単衣の着物一枚きり。それを17歳までずっと着ていたため、成長するにつれて丈が足りなくなり、すねが出てしまって困ったそうです。

当時の生活を振り返り、おあん様は子供たちに「今の若いモンは贅沢すぎる！」とお説教をしています。

去暦一家は関ヶ原の合戦に際して、彦根から大垣へ引っ越しました。

◎大垣城籠城戦

物語は大垣城での籠城生活の話に移ります。

「家康様の軍は、石火矢を撃つときには、あらかじめ城の近所に知らせて回っておった」

（子供たち：どうして？）

「石火矢を撃てば、櫓もグラグラと揺れ、大地も裂けるほど凄まじい威力じゃからな。臆病なおなご衆などは、恐ろしさですぐに目を回してしまって困ったものじゃった。それゆえに、先に知らせたのじゃ。知らせがあると、閃光が走った後に雷が鳴るのを待っているような気持ちでな。はじめのうちは生きた心地もせず、ただ恐ろしい、怖いと思ったけれども、慣れてしまえば何ということも無くなったのう」

石火矢とは大砲の一種。砲撃の轟音と振動の凄まじさが伝わります。それでも毎日続けば怖いと思わなくなった、とおあん様は語りますが、恐怖と緊張の中で感覚が麻痺して慣れていくのでしょう。

徳川軍があらかじめ通達してから砲撃したのは、非戦闘員への配慮だったのか、あるいは心理的に追い詰めるためだったのでしょうか？

◉戦場の女性たち

「わしも母上も、その他の家来衆の妻や娘たちも、みんな天守に集まって、鉄砲の弾を鋳造しておった。また、味方の兵が取ってきた敵の首が天守に集められていたから、それぞれに札を付けて、誰が取った首か分かるようにしたものじゃ。たび

昔は、おなご達も、みんな戦の手伝いをしておってな
えっと、これは…

味方の兵が取ってきた敵の首に、取ってきた者の名前を書いたり、身分が高く見えるように歯を黒く塗ったりして…

いやな仕事…

なれれば怖くないよ！

おあん様ぁ〜

ヒ〜！

キャ

たび、首の歯にお歯黒をつけたりもしたのう」

（子供たち：「どうして？」）

「昔は、お歯黒を付けている首は身分の高い人の首だといって、褒美も多かった。それゆえ『歯の白い首にはお歯黒を付けてくれ』と兵たちに頼まれておったのじゃ。まあ、慣れてしまえば首も怖いものではない。わしらは、首の並んだ天守の、血の臭いが籠もる中で寝たものじゃ」

天守はもともと、このように戦時に籠もるための建物でした。女性たちが弾丸を鋳造したり、兵たちの報奨のために首級を管理したりしていたようです。首級にお歯黒を施したり、見栄え良くすることで、高貴な人の首であるかのように偽装したんですね。淡々とした語り口が、逆に凄絶さを感じさせます。

◎落城寸前、城内はパニックに

「ある日、家康様の軍が、激しく鉄砲で撃ち掛けてきての。もはや今日にも城が落ちそうだということで、城内は大騒ぎになったのじゃ。そこへ兵が来て、『敵はもう去りました！騒がれますな！お静かに！』と告げたので、皆ホッとしたのじゃがな。その瞬間、鉄砲玉が飛んできて、わしの弟に…まだ14歳になったばかりじゃったのに…命中してしまったんじゃ。弟はそのまま、びくびくと痙攣して死んでしもうた。さてもさても、酷いことを見た……」

弟が銃撃によって落命するのを目の当たりにしたおあん様。銃撃は凄まじく、非戦闘員も容赦なく巻き込まれて、城内もパニック状態だったでしょう。

「弟の死んだその日、父上の持ち場に矢文が飛んできての。『去暦殿は、家康様の手習いの師匠をなされたことのある御仁ゆえ、城から脱出するならお助けいたしましょう。どこへなりとも落ち延びてください。道中も危険の無いよう、各方面に伝えおいてございます』と書かれていたそうじゃ」

山田去暦は家康と親交があったようです。矢文を受け取った父は脱出を決意します。

たらい舟で城外脱出

「明日の昼にも落城するだろう、と城内はみんな落胆しておった。わしら家族も、『明日死ぬのか…』と心細くての。そんな時、父上が密かに天守へ来られた。『こちらへ来い！』と言うと、母上とわしを、城の北側のお堀端へ連れて行かれた。父上は堀の脇からはしごを掛けて、縄で吊した『たらい』にわしらを乗せると、堀の水面に吊り降ろした。

わしら家族はたらい舟に乗って、お堀の向こう岸へと渡ったのじゃ。脱出したのは、我が両親とわし、他に従者4人ばかり。他の家来はそのまま、城内に残し置いてきた……」

たらいを舟にして堀を渡るという大胆な策で、一家はわずかな従者とともに、落城寸前の大垣城からひっそりと逃亡しました。

現在、大垣市ではおあん様の伝承にちなんで、毎年4月中旬から5月上司に、たらい舟川下りのイベントが開催されています。

◎壮絶すぎる逃避行

「城を離れ、5～6町（500～600m）ほど北に行ったとき、母上が急に産気付かれての。

そのまま道端で妹をお産みなされたんじゃ。従者はそのまま、田の水を産湯代わりに妹を洗い、引き上げると自分の懐に包んだ。今しがた出産したばかりの母上を、父上が肩に担いで、青野ヶ原へ逃げたのじゃ。怖いことじゃったのう…。昔の話じゃ。南無阿弥陀仏、南無阿弥陀仏」

ただでさえ緊急事態の中、妊娠していた母が産気づき、なんと道端で出産。赤ちゃんを田んぼの水で洗うと、動けない母を父が担いでひたすら歩きました。

おあん様たちが逃げ落ちた後、関ヶ原では西軍が敗れ、大垣城は敵に取り囲まれます。その後、和議を受け入れ、城を開けることになりました。

おあん様一家のその後

関ヶ原の戦いのあと、一家は親類を頼って土佐に落ち延びます。その後出家したおあん様は、たびたび近所の子どもたちにこのような昔話を語り、贅沢を戒め、平和のありがたみを説いたのでしょう。

おあん様は、80歳を超える長寿で生を全うしました。

時は現代に降り、2018年春、大垣市がプロデュースするアニメ『おあむ物語　その夏、わたしが知ったこと』が公開されました。おあん様のむかし語りは時を超え、苛酷な戦乱の世の実像と、その時代を生きた少女の思いを、生々しく現代に伝えています。

中井正清

江戸時代を建てた男

今回ご紹介するのは、徳川家康の大工頭、中井正清《まさきよ》。大工といっても一介の職人さんではなく、現代で言うところのスーパーゼネコンの代表取締役のような役割を果たし、現代にも残る大規模建築を次々と作り上げていった人物です。

ここでは、江戸時代を建てた男、中井正清の生涯を追ってみましょう。

徳川スーパーゼネコン
代表取締役CEO
中井正清
人との出会いが
私を作りました
正清

正清のふるさと・法隆寺西里

中井正清の出身地は、大和国平群《へぐり》郡。飛鳥時代には聖徳太子が斑鳩宮《いかるがのみや》を営んだ、古い歴史を持つ地域です。

正清の父・中井正吉《まさよし》は、聖徳太子が建立した法隆寺を管理修繕する番匠《ばんしょう》集団の集落・西《にし》里《さと》（現・生駒郡斑鳩町）の大工でした。

番匠って何？　大工と何が違うの？　と思った方もいると思いますので、ここでザックリ日本の大工の歴史について触れてみたいと思います。

大工の歴史

律令制の成立以後、朝廷は宮殿や寺社の建設にあたる専門機関を置いて、高度な建築・土木技術をもつ職人を集めていました。これを「木工寮《もくりょう》」といいます。

木工寮は、国の関わる建築・土木・修繕作業はもちろん、そこで使われる木器・建具などの木工製品全般の製作を司っていました。作業計画・予算立てからはじまり、材料物資・人材や労働力の調達・指揮などを受け持つ、多忙な機関だったようです。

この木工寮に属し、当番制で木造建築に携わった職人を「番匠」と呼びました。やがて彼らは職人集団として独立の気風を高めていきます。鎌倉時代に入ると、寺社と専属契約・直取引する番匠集団が現れ、「大工職《だいくしき》」という監督責任者が職人たちを率いるようになりました。

近世に入り、「大工」が統率者のみならず、建築技術者全般を指す言葉へと変化したようです。

回片桐且元との出会い

1583年、正清の父・正吉が羽柴秀吉の大坂城築城に携わることになり、これが親子にとって大きな転機となりました。正吉にオファーしたのは、片桐且元だったと言われています。

法隆寺で培った技術を存分に発揮した正吉はその後、秀吉による京・方広寺大仏殿建立にも、番匠衆を率いて参加。確かな史料は残っていませんが、修業をしていた正清も、父のもとで腕を振るっていたことでしょう。

やがて一人前となった正清は、1588年24歳の時に徳川家康の目に留まり、翌年には知行200石で召し抱えられ、建築技術を統括する「大工頭」に起用され、武士同様の待遇を得ます。

片桐且元が父の跡を継いだばかりの正清を家康に紹介したのかもしれません。

伏見城と二条城を同時再建

1600年、関ケ原の戦いで勝利した家康ですが、実質的に天下人となったとはいえ、豊臣の二代目・秀頼はまだ大坂城にあって脅威となる存在でした。そこでこの時期から、大規模な建築工事を急ピッチで進めていきます。

まず、焼け落ちた京の伏見城の再建に乗り出します。伏見城は秀吉晩年期からの政治の中心地でした。ここに入城して将軍宣下を受け、政務を行うことで豊臣恩顧の大名たちに「これからは徳川の世だぞ」とアピールすることができます。

また、二条城の建設をほぼ同時に進行します。御所の近くに作られた二条城は、表向きは「上洛時の宿所」とされましたが、徳川の力を公武双方に見せつけ、大坂の秀頼への心理的・軍事的な圧力を強める目的があったと考えられます。

すでに500石までの加増を受けていた正清は、この2つの巨大プロジェクトを主導。伏見城本丸は着工から約半年、二条城二の丸を約10ヶ月でほぼ完成させ、家康の覚えは大変めでたいものとなりました。

江戸の基礎工事

正清の多忙な日々は続きます。1603年から開始された江戸城大改築および城下の拡張工事では、城の縄張りから城下の町割りまで監督。

1607年に着工した地下1階・地上5階・高さ約50mの威容を誇る江戸城大天守を、年内に竣工したかと思ったら、12月に駿府城で火事が発生し、本丸が焼失します。

正清は一報が入ると2日後には駿府入りして再建に当たり、翌年内にスピード竣工。また京周辺での公共建設事業、おもに禁裏や仙洞御所の修繕を一手に引き受ける、初代「京都大工頭」にも任命されていました。

コンピューターも重機もない時代に、これだけの大規模工事をハイスピードで施工できたのは、正清が五畿内および近江国の建築業・林業・木工業の統括を任されていたから。そして、優秀な人材を一度に大量に動かす統率力を持っていたからでした。

もちろん、工程や資材調達・事務処理などの効率化にも力を入れていたのでしょう。

大坂の陣で家康をサポート

1610年、いずれ来るべき大戦を見据え、家康は東海道の押さえ・名古屋城築城に取り掛かります。

正清は天守造営の大工頭として、延べ床面積4400㎡超、2800本ものヒノキを使った史上最大規模の大天守を、1612年には竣工しています。

この間、家業であった法隆寺の大修理・火災で焼失した方広寺大仏殿の再建など、豊臣家主導の仕事も、徳川配下の大工頭として請け負っています。

まさに驚異的なマネジメント能力です。

焼け落ちた方広寺大仏殿は、父・正吉が手掛けた建物でした。正清は名古屋城の工事と同時進行

プロジェクト正清
24歳。徳川家康の目に留まる。
「大工頭」になる。（武士同様待遇）
半年で完成！
伏見城の再建
バーン！
二大プロジェクト主導
10ヶ月で完成！
二条城の建設
ジャジャーン！
名古屋城築城
ジャーン！
東照宮建立
キラーン
すごいぞ正清！

で再建に取り組み、1614年には全工程が終了して、いよいよ大仏開眼供養を待つばかりとなります。

しかし、大工頭として儀式の準備をしていた正清は、大仏殿の棟札《むなふだ》（棟や梁に掲げる建築記録）に自分の名が記されていないことに気付き、棟札と鐘銘の写しを駿府の家康に送って「これはおかしい」と訴えました。

これが大坂冬の陣開戦のきっかけ、「国家安康　君臣豊楽」の文言で有名な方広寺鐘銘事件に発展します。

いよいよ冬の陣開戦直前となると、正清は、父が築城に携わった豊臣家の大坂城の見取り図を家康に提出。また、茶臼山に茶室や浴室を備えた、家康本陣の陣小屋を建設しました。

さらに戦術面でも一役買っており、大坂城を守る天然の堀・淀川の水位を下げる工事の折、当時淀川へと流入していた大和川を堰き止めることを進言。さらに戦後、大坂城の外堀を二の丸・三の丸の破却建材で埋めるよう進言したのも、正清だったといいます。

正清は徳川軍の勝利に、まさしく縁の下の力持ちとして貢献したのでした。

正清の総決算「東照宮」

豊臣家滅亡を見届けた家康は、1616年、駿府城にて世を去ります。遺言によって遺体は久能山に葬られ、1年後、日光に分霊。家康を祀る両東照宮の建立は、最晩年の正清の手によるものです。

久能山東照宮社殿は国宝に指定され、正清最後の作品とされる日光東照宮の初代社殿は、1644年に上野国世良田東照宮（群馬県太田市）に移築・国の重要文化財に指定されて、今に伝わっています。

家康の死から3年後、中井正清は55年の生涯を閉じました。正清は京の長香寺（下京区）に葬られましたが、この寺も自身が手掛けたものです。

天下人・徳川家康の大工頭となった、中井正清。

中井家なくして260年も続く徳川幕府の栄華はなかった、と言っても過言ではないでしょう。

穴太衆

現代も生きる石垣職人集団

城跡をめぐるのが趣味、という方も多いと思いますが、城跡めぐりの楽しみのひとつが石垣鑑賞です。そして石垣に少し詳しくなると気になってくるのが、「穴太衆《あのうしゅう》」という職人集団の名ではないでしょうか?

穴太衆は近江国坂本周辺を拠点とした石垣職人たち。戦国末期には全国各地で石垣を積み、なんと現代は欧米でも活躍しています。文字史料として残る記録は少ないのですが、今回は、穴太衆が古代から伝えてきた技術とその歴史についてご紹介していきましょう。

我ら穴太衆なり!!
積み上げるぜ!
まかせろ!!

穴太衆積みとは

穴太衆が用いたのは、おもに「野面《のづら》積み」と呼ばれる技法。ほとんど加工しない自然石を、バランスよく組み合わせて積み上げる方法です。

「穴太衆の手による野面積み」を「穴太衆積み」と呼ぶことがありますが、技法的に大きく違いがあるわけではなく、彼らの高い技術力を評してその名を冠したものです。

野面積みは、大小の石を組み合わせ、あえて接着剤となる漆喰などを使わないため水はけも良く、地震や風雨による衝撃を「遊び」の部分で逃がすため、他の技法より圧倒的に強度・耐久性が高いと言われています。

また、一見荒々しい中にも静かな調和が感じられ、その美しさも魅力です。

強さと美しさを兼ね備えた穴太衆積みは、すべて口伝で技術が継承されてきました。ひとつとして同じもののない自然石を扱い、それぞれの現場の個性に合わせて積み上げるため、文字にして残すことができなかったんですね。

「石の声を聞き、石の行きたいところに行かせてやる」という先人の教えのとおり、穴太の職人たちは石を見て触れて感覚を研ぎ澄まし、腕を磨きました。

◎コンクリートよりも強い

現在唯一、穴太衆の技術を継承するのが、滋賀県大津市坂本の株式会社・粟田建設さん。粟田建設さんと京都大学大学院とが協力し、「穴太衆積みは現代の建築基準に適合するのか？」という実験を行ったそうです。

この実験では、同じ大きさの壁を穴太衆積みとコンクリートとでそれぞれ作り、250トンまでの圧力を加えて、壁にどんな変化が起こるかを検証しました。

するとコンクリート壁が200トンの加圧で破損したのに対して、穴太衆積みの石垣は多少の変形こそしたものの、最終的に250トンの加圧にも破損せず、阪神・淡路大震災クラスの地震にも耐えうるという結果が出ました。

穴太衆積みは変形することによってダメージを吸収し、逆に石積みが締まって崩落しないということが分かったのです。

この結果を受け、新名神高速道路の甲南トンネル付近では穴太衆積みが道路わきの防壁に採用され、約260mにわたる石垣が新築されました。

起源は古墳時代の渡来人？

現在でも坂本の地で技術を継承する穴太衆ですが、起源については確かなことはわかりません。

粟田建設代表取締役の家では「起源は古墳時代の渡来人」と伝えられているそうです。少なくとも6世紀前半には、朝鮮半島から石積み技術を持った人々が日本に渡来し、比叡山麓一帯に居住したようで、渡来人の墓とみられる横穴式の構造をもつ古墳が、多数発見されています。

ここに根を下ろした渡来人技術者の長は「村主《すぐり》」の姓《かばね》を称し、一族は「穴太村主《あのうのすぐり》」と呼ばれる豪族となったようです。

そして穴太衆の歴史と深く関わるのが、比叡山延暦寺。

比叡山は古代より巨石・山岳信仰が根付く山でした。

また、天台宗開祖・最澄は、琵琶湖の南・坂本から古市《ふるち》一帯を支配していた渡来系豪族、三津首《みつのおびと》氏の出身。同じ渡来系の穴太村主氏と何らかの関係を持っていた可能性もあります。

確たる証拠はありませんが、穴太の技術者たちが延暦寺創建時の基礎工事や、石垣・井戸の造成に動員されたと考えられます。

ここで注意しておきたいのは、「穴太の技術者」＝「穴太村主氏の血族」とは限らない、ということです。

穴太村主氏はあくまでも支配層。彼らによって技術指導を施された穴太の民が、当初は墳墓、のちに延暦寺や周辺寺社などの工事に石工として使役されていくうちに、代々技術を継承・発展させていったのでしょう。

◎信長・秀吉の城石垣づくりで全国展開

古代から連綿と受け継がれてきた穴太の石積み技術ですが、戦国末期まではまだ琵琶湖周辺限定の、ご当地テクノロジーでした。

「石垣といえば穴太」と言われるきっかけとなったのが、織田信長による1571年の比叡山焼き討ちです。

荒々しく積まれただけに見える古い石垣が、激しい戦闘や火災に耐え、破却しようにも崩れなかったと知った信長はその堅牢さを気に入り、穴太衆を呼んで安土城の石垣を作らせたといいます。

壮麗な安土城が完成するころには、穴太衆積みは武将たちにもたいへんな評判となり、信長亡き後、穴太の者たちは羽柴秀吉の城づくりで重用され、全国的に石垣ブームが到来します。穴太衆は各地に派遣されて現地の石工との交流も生まれ、穴太に移住してくる技術者も少なくありませんでした。粟田建設の代表のご先祖も、江戸時代初期に阿波国から穴太にやって来た移住組だそうです。

諸大名も穴太衆を召し抱えるようになり、やがて出身地にかかわらず、石垣造成担当者を「穴太」と呼ぶようになりました。「槍の又兵衛」こと後藤又兵衛の弟も播磨出身ながら、加賀藩で「穴生方《あのうがた》」として金沢城石垣造成に関わっています。

◎江戸時代には諜報役も

徳川家康が天下人となると、穴太衆の本拠地・坂本では将軍側近・天海上人によって、延暦寺の復興工事、老僧が隠居するための「里坊《さとぼう》」の建設ラッシュが始まります。

これらの里坊の石垣は、現在、「穴太衆積み石垣群」として見られますが、中でも最も美しいと言われるのが、滋賀院門跡の石垣。皇族出身の天台座主の里坊にふさわしく、堂々としながらも静謐な佇まいに心を打たれます。

近世城郭の石垣のおよそ8割には穴太衆が関わっている、とも言われるほど大盛況だった穴太衆積み石垣ブームも、泰平の世になると下火になります。主な仕事は各藩での城のメンテナンスとなり、道路整備や護岸工事など、石積みによる土木工事や、鉱山での採掘作業にも従事したようです。

ということは、穴太衆は各地の城のつくりやインフラ・資源事情にも詳しかったわけで、諜報活動にはもってこいの職種でもあります。「忍び」として他藩に潜入する者もいて、機密情報の扱いには穴太の親方と雇い主の藩主の間で細かく取り決めがあったようです。

日本から世界へ

古代から受け継がれてきた穴太衆積みの技ですが、現在唯一この技術を穴太衆として継承しているのが、前述の粟田建設さん。

粟田建設さんは代々受け継いできた延暦寺と周辺社寺の修復や、竹田城や熊本城など全国各地の石垣の修復、技術継承にも精力的に取り組んでいらっしゃいます。

2010年以降は海外での施工依頼も増え、建築家・隈《くま》研吾《けんご》さん設計のアメリカ・テキサス州「ダラス・ロレックス・タワー」の石垣施工では、テレビなどでも紹介されて注目を集めました。

古墳時代以来といわれる長い歴史をもつ穴太衆積み。自然石が無造作に積まれただけに見えますが、長年の風雨や災害に耐える堅牢さと美しさを備えています。

文字で残る史料が少ない穴太衆の活動ですが、今後さらに研究が進み、美しい石垣が未来に受け継がれていくことを願ってやみません。

山田長政

シャムで貴族に成り上がった日本人傭兵

江戸時代の初め、東南アジアのシャム（現在のタイ王国）に渡った、ひとりの青年。

今回の主人公「山田長政」は、シャムで商人・武人として身を起こし、やがて王の信任を受けて国政に関わるまでに出世しました。

タイとの交流を語るとき、必ずと言っていいほど登場する人物です。

時代が下るにつれて、山田長政は「アジアに日本の威光を示した英雄」として国粋主義的に語られもしましたが、彼についての記録は伝承的なものが多く、確実な史料はごくわずか。

ここでは広く知られている説をご紹介しましょう。

この時代
シャムに渡りし
青年が
あれよ
あれよと
出世しちゃった
山田長政
シャムで貴族になった日本人

駿府の商人の息子

山田長政は、駿河国の出身。現在の静岡市の中心部、駿府城のすぐ近くの染物屋の息子として生まれました。生年は１５９０年ごろ、豊臣秀吉が小田原攻めで後北条氏を滅ぼした頃です。

長政は跡継ぎではなかったようで、10代半ばで実家を出て、城主の六尺（かごの担ぎ手）となりました。

六尺とは身長が六尺＝１８０㎝前後もある大男という意味で、屈強さが求められる仕事。給金は、日給約1万円前後で若いうちは割りの良い仕事だったとも言えますが、怪我や病気をしてしまえば当然失職となります。

駿府は家康の外交・海外交易の中枢でしたし、実家が商家だったこともあり、商売・貿易の知識もあったのでしょう。20代前半で長政は六尺を辞めて朱印船に乗り込み、シャムの都・アユタヤの地を踏んだのでした。

アユタヤ日本人町

アユタヤは、現首都のバンコクから80キロほど北に位置します。チャオプラヤー川と支流のパーサック川・ロッブリー川がいわば水堀のように四方を巡り、美しい都を守っていました。

また、アユタヤは水運を生かしてアジア有数の国際貿易都市として発展。17世紀初頭、水堀の外・南側のチャオプラヤー川沿いには、貿易商たちが形成した外国人町が隆盛し、国王から官位を得た頭領のもとで自治を行っていました。

日本人町も作られ、最盛期には東京ドーム約2個分ほどの面積に千5百〜3千人が居住。住人の職種は、貿易商人のほか、禁教を逃れてきたキリシタン・元豊臣方の牢人・戦の乱取りで売られてきた奴隷・戦が減って食い扶持に困った下級武士など、様々な事情を抱えた人々も多かったようです。

このころ国王は頭領に命じ、日本人数百名を傭兵部隊として組織させ、雇い入れていました。というのも、アユタヤ朝は一時期ビルマの侵攻を受け、長政が来る30年ほど前に復興したという歴史があり、その火種がまだ燻ぶっていたのです。

ついこの前まで戦場を駆け回っていた武士たちは、即戦力として重宝されたんですね。

貿易商と傭兵

長政がアユタヤに渡ったころ、日本人町を仕切っていたのは頭領・城井久右衛門《きいきゅうえもん》と、傭兵隊長・津田又左衛門でした。

長政は城井久右衛門のもとで、貿易商として活動を開始。日本刀を輸入し、シャムからは鹿や鮫の革・陶器・生薬などを輸出して、順調に利益を上げていきました。

また一方で長政は、六尺で鍛えた体を見込まれて港の管理や警備を任され、津田又左衛門の率いる傭兵部隊に入隊。ビルマとの戦闘で頭角を現し、24代ソンタム国王から序列第5位の官位「クン」を賜り、貴族の末席に名を連ねました。

渡航から約10年が経った1621年、スペイン・ポルトガル連合艦隊がオランダと貿易覇権を巡って争い、アユタヤの港を襲撃するという事件が発生しました。

このころ日本人貿易商の勢いはヨーロッパ各国にとって脅威となっていましたから、日本人町にも緊張が走ります。彼らにとっては王国の危機である以上に、苦労して築き上げてきた財産・商業基盤の危機でした。

ここで長政は策を講じ、連合艦隊の船を焼き討ちして撃退するという大手柄を立てます。この戦勝によって王の絶大な信頼を得た長政は、第3位の官位「プラ」に昇進。帰国する又左衛門・久右衛門の後継者として、傭兵隊長・日本人町頭領に任じられました。

この年、ソンタム王が日本に使節を送り、江戸城で将軍・徳川秀忠に謁見していますが、このとき長政は老中・土井利勝に宛てた書状を送っています。

外交書簡の礼儀として、公式な書状を交わせるのは同等の地位にある者同士でしたから、長政のシャムでの地位が幕府老中並みだったということがわかります。

とはいえ幕府内で山田長政を知る者はおらず、急遽調査されたようで、金地院崇伝上人が「どうも沼津の大久保殿の六尺だった男らしい」と記録しています。

王位継承の争いで左遷

1628年、長政は第2位の官位「オークヤー」に昇進しました。日本では考えられないような出世街道をばく進してきた長政でしたが、この年の末にソンタム王が崩御すると、政争の嵐に巻き込まれていきます。

このころシャムの王位継承権は、伝統的に「王子よりも王弟のほうが上位」。しかしソンタム王は、息子・チェーター親王に王位を譲ると遺言していたため、ソンタム国王の弟が謀反を企てます。長政は、ソンタム国王の側近・シーウォーラウォンとともにチェーター親王を守り、即位に貢献しました。

ですがこのシーウォーラウォンもまた、王位を狙っていたのです。

シーウォーラウォンは1年も経たずして、王を裏切って処刑してしまいました。長政は「ソンタム前王の遺志に背く」として、シーウォーラウォンと対立しますが、王位簒奪は順調に進み、長政の宮廷内での立場は危うくなっていきます。

シーウォーラウォンは幼い王弟を即位させた後、わずか1か月余りで廃位に追い込むと、ついに自ら第27代国王「プラサートトーン」として即位しました。

さらに属国・パタニ王国の反抗に備えるためと称して、長政をアユタヤの都から700㎞も南下した最前線・リゴール地方の太守に任命。長政は

左遷されたのです。

長政、リゴールに死す

1630年、パタニ軍が長政率いるリゴール軍と激突します。長政はこの戦闘で足を負傷するも、治療を受けて一時は快方に向かいます。しかし容態が安定してきたころ、家臣の裏切りによって傷口に毒薬を塗られ、長政は落命。享年40前後でした。

暗殺の黒幕は、プラサートトーン王とも、長政を商売敵とにらむオランダ人勢力とも言われています。

配下の日本人傭兵部隊も離散し、アユタヤ日本人町は謀反の恐れありとしてプラサートトーン王によって焼き討ちされます。焼き討ちを生き延びた住民も、日々の暮らしの中でタイ族に同化していき、日本の鎖国政策の影響もあって、18世紀初頭には日本人町は失われました。

新天地の終わり

徳川家康が天下統一の総仕上げにかかろうとしていた17世紀初頭、朱印船に飛び乗って単身シャムへと渡った無名の青年・山田長政。

当時、シャムの都・アユタヤの日本人町には、商人のほか、様々な事情を抱えて流れ着いた人々が生き生きと暮らしていました。長政はこの町で商才と武勇をもって頭角を現し、アユタヤ王朝の貴族となりましたが、王位継承を巡る争いの中、都から遠く離れたリゴールの地で暗殺されました。日本人町も焼き討ちされ、山田長政たちの新天地は終わりを告げたのです。

現在、アユタヤ日本人町跡地には記念石碑や資料館、山田長政の像が建てられ、わずかながら往時をしのぶ手がかりとなっています。

第8章

戦国武将の辞世の句

柴田勝家

山ほととぎす

最後の章では「辞世の句に見る武将の死にぎわ」を紹介していきます。

辞世とは本来は「この世を辞する事」、つまり死んでいくことを指す言葉でした。そこから転じて、この世を去るときに残す言葉・和歌・発句・漢詩など短い詩歌を言うようになります。

東アジアに独特の習わしらしく、本当に死ぬ間際の咄嗟の言葉もあれば、あらかじめ用意した作品もあります。また急の死であったため創るのも間に合わず、最後の作品・遺作をそれに充てることもあります。

その他「この人ならばこのような歌を詠むであろう」と想像し、後世の人間がなり代わって創る場合もありました。我が国には平家物語にも「ゆうに優しきもののふの」とあるように、戦に明け暮れる武人でも強さ一辺倒では駄目だ、風流を解さねば一流の武将ではないとする考えがあります。戦国武将も茶の湯や能楽に親しみ、書物も読みました。そして幾人もが辞世の句を残しています。ここでは柴田勝家の辞世の句とそこに込められた思いを紹介します。

◎柴田勝家の辞世

夏の夜の　夢路はかなき　跡の名を　雲井にあげよ　山ほととぎす

（人の一生は短い夏の夜の夢のように儚いものだ。ほととぎすよ、せめて私の名を後の世に伝えてくれ）

柴田勝家は、若いころから織田家に仕え、尾張国愛知郡を領していました。最初は信長の弟の織田信行《のぶゆき》の家老として織田家を盛り立てていました。信行を織田家の後継ぎにするため、邪魔になる信長を排除しようと稲生の戦いを起こしますが敗戦。信長の生母である土田御前のとりなしで許されます。以後は信長に仕え忠勤を励み、織田家を支える筆頭家老となりました。

1575年には越前国49万石を与えられ、北ノ庄城に移住、織田家の北陸方面軍司令官として、北陸制圧に力を尽くします。

1582年6月2日、本能寺の変の知らせを受け取った時、勝家は上杉軍と対峙しておりすぐに動けませんでした。中国から飛んで帰った秀吉に後れを取り、18日に近江までたどり着いたのは、すでに秀吉が明智光秀を討った後でした。

追い詰められる勝家

清州会議で秀吉にしてやられ、織田家の主導権をかけた1583年の賤ヶ岳の戦いにも敗れた勝家。毛受《めんじゅ》茂《も》左《ざ》衛《え》門《もん》・勝介《しょうすけ》兄弟が、勝家の馬印「金の御幣」を手に勝家の身代わりとなり、敵陣へ挑みかかる隙に戦場を脱します。

この戦の主な敗因は前田利家の裏切りにあるのですが、勝家は敗走する途中、その前田親子が籠る越前府中城へ立ち寄りました。利家に対面しても裏切りを詰問することも無く、

夏の夜の
夢路はかなき
跡の名を
雲井にあげよ
山ほととぎす
勝家
カツ カツイエー
カツイエー
カツイエ〜
カツ カツ カツイエー
胴にも鳥ちゃんが!!

総大将として敗戦を招いた自分の指揮を恥じ、これまでの旧情を感謝するのでした。

食事と替え馬を所望し北ノ庄へ向かいますが、別れ際に利家に対し、旧知の秀吉を頼ることを勧めました。わずか50騎ばかりに護られて北ノ庄城へ帰城し、秀吉軍の猛追に備え城下を焼き払います。

城総構えの守りはあきらめ、二の丸・三の丸に兵を集めますが、もはや残っているのは老兵や女子供ばかりです。

城の回りは、秀吉軍にびっしり覆いつくされました。

最後の酒宴

籠城の準備をする日数も無い中、堀や櫓を旗指物で見事に飾り立てた様子に、寄せ手の秀吉は感心しました。

「さても武勇を以って天下に聞こえた柴田がほどには有りけるかな」と繰り返し感嘆し、武将たる者このように嗜みたいと誉めそやします。

勝家は一族・家臣に「藤吉郎《とうきちろう》猿面冠者《さるめんかんじゃ》」のために敗戦した無念を語った後、信長から拝領した数々の品を飾り立て最後の酒宴を開きました。

宴の様子は「楽器を奏し歌い、大いに楽しみ、あたかも戦勝祝いのようであった」と、居合わせた宣教師が書き残しています。

勝家はその場で、秀吉にゆかりのある者は遠慮なく降るように勧めますが、家臣らは皆勝家に殉じることを願いました。

落城間際には大将の首を獲って敵方に差し出し、我が身の安泰を図る事例も珍しくはありません。勝家と直臣たちの主従関係は確かだったようです。

秀吉軍の中にも、共に織田家を支えた将として勝家の命を助けた方が、世の聞こえも良いのではないかと進言する者も居ました。しかしこの一戦を、天下統一への正念場と見定めた秀吉はそれを許しませんでした。

お市の方

勝家は1576年に妻を亡くしており、清州会議の後、信長の妹お市の方を後室に迎えています。清州会議で織田家の主導権を奪った秀吉が、勝家の不満を抑えるため、かねてお市への思いを持っていた勝家のために動いたと言われます。

酒宴も半ばのころ、勝家はお市を落ち延びさせようとします。

「秀吉ならばそなたを粗略には扱うまい。娘三人を連れて落ち延びるが良い」

「私は藤吉郎のために一度城を焼かれた身、再び同じ男に降ろうとは思いませぬ」

お市は秀吉に宛てた自筆の書を添えて、茶々をはじめとする三人の娘だけを落ち延びさせ、自身は夫に殉じます。

織田信長の妹であり「戦国一」と謳われた美貌のお市の方の決意に勝家も喜んだことでしょう。

勝家の最期

勝家は200人ほどの兵と共に天主に籠もり、最後の戦いに挑みます。

天守の最上階に追い詰められた勝家は、寄せ手に「修理が腹の切りよう見申し候て、後学に仕り

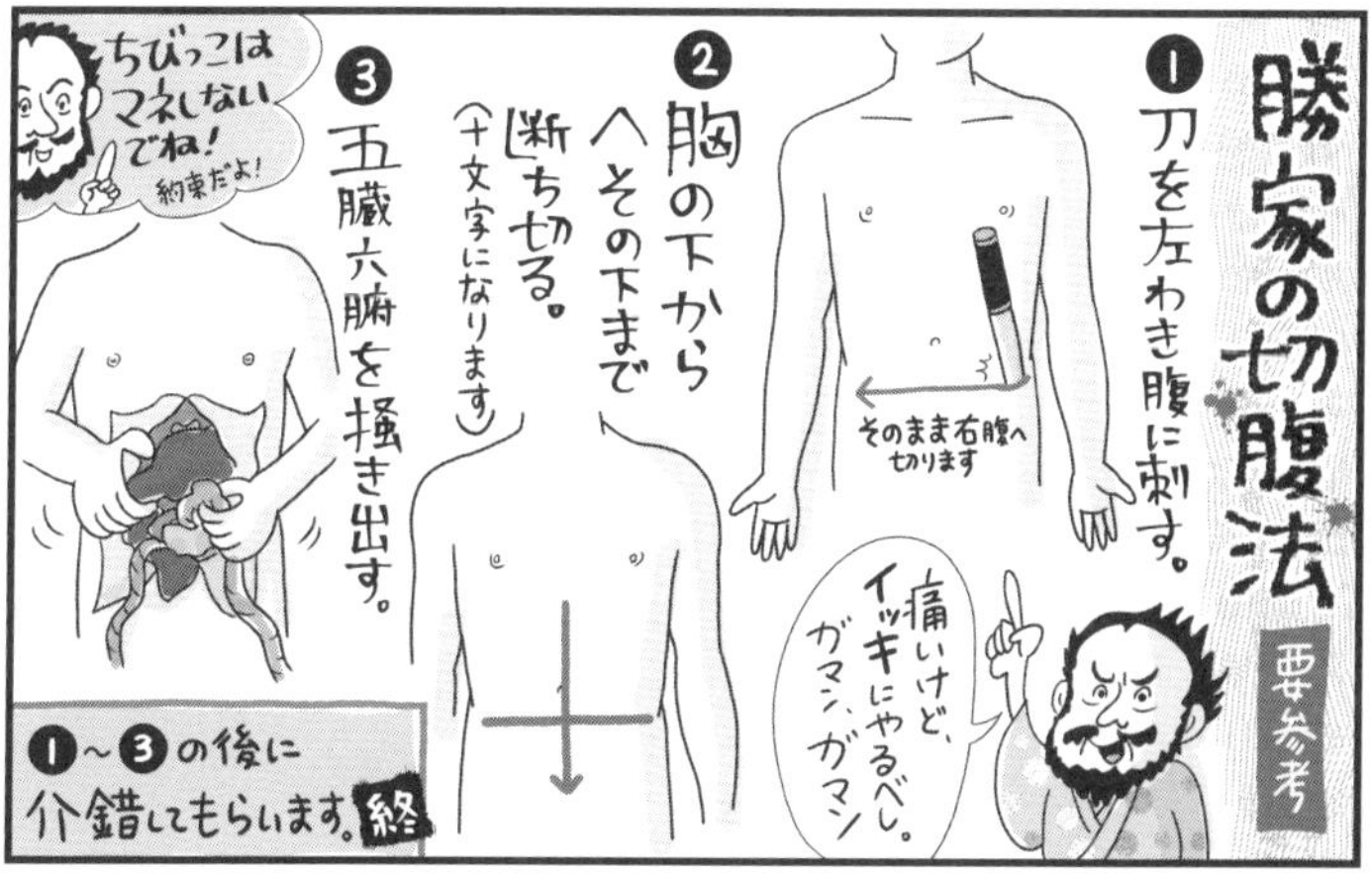

候え」と言って、見事に切腹して果てました。つまり「自分の切腹の仕方を見て、後々の参考にせよ」と言うのです。

言葉通りお市や妻妾を刺殺した後、自ら刀を左わき腹に刺し右へ引きつけます。返す刀で胸の下からへその下まで断ち切り、五臓六腑を掻き出し、側近の中村文荷斎《ぶんかさい》に介錯させる凄まじいものでした。

最後まで付き従った80余人の者が共に腹を切り、文荷斎が用意しておいた火薬に火を点け天守もろとも吹き飛ばし、死後の辱めを受けぬようにしました。

秀吉は勝家の最期の様子を「七度まで切って出て奮戦し、百戦錬磨の武将に相応しい最期であった」と各地の大名に喧伝しました。勝家はこの時60歳前後と思われます。

自分の最期を後世に伝えるために、一人の老女を選び、一部始終を見させた後落ち延びさせ敵方に伝えさせました。辞世の句に詠まれているとおりです。

◎足利義輝へのオマージュ

勝家の辞世は冒頭に挙げた「夏の夜の…」ですが、それに先立って

五月雨は　露か涙か　不如帰　我が名をあげよ　雲の上まで

という辞世の句を詠んだ武将がいます。

室町幕府第13代将軍足利義輝ですが、この2首の歌は微妙に似通っていて後半はほぼ同じです。どうも勝家の辞世は義輝の歌を意識していたと思われます。

義輝は各地の大名たちの争いを調停してまわり、戦場ではみずから剣を振るい「剣豪将軍」とあだ名された人物です。

戦国の世とは言え、勝家のように一軍を任されるほどの武将であれば、書も読み歌も作るなどの教養を身に付けていました。当然義輝の事績も辞世の句も知っていたでしょう。

武勇の誉れ高く志半ばで倒れた将軍と、自身を重ね合わせたのでしょうか。

お市の方の辞世

北ノ庄城落城の時には、もう一首別の歌が残されています。
さらぬだに　うち寝る程も　夏の夜の　夢路をさそふ　ほととぎすかな（それでなくとも短い夏の夜は、うとうとしているうちに終わってしまいます。そろそろ行かねばならぬとほととぎすが誘っているようです）

これは勝家と最期を共にしたお市の方の辞世です。どこへ行くのか？

もちろん死出の旅路へですが、これ実はお市の方が先に詠んでいるんですね。お市の歌にほととぎすが詠まれたので、義輝の歌が連想されて勝家の辞世の句につながったようです。

ほととぎすの初鳴きは風流なものとして、平安貴族はいち早くその声を聴くのを競い合いました。

しかしほととぎすは〝死出《しで》の田長《たおさ》〟とも呼ばれ、死の国からの使者とも言われ、不吉な鳥でもありました。辞世にほととぎすが詠まれることが多いのは、このためでもあります。

お市の歌から義輝の歌を連想し、ほととぎすも上手く詠み込んだ和歌が創れるとは、やはり勝家は武勇だけの男ではありませんでした。

大谷吉継

六つの巷に待てしばし

今回は、大谷吉継の辞世の句を紹介します。

関ヶ原の戦いで不利を承知で西軍石田三成につき、小早川秀秋の裏切りにあい自刃した大谷吉継。

徳川家康とも懇意であった吉継は、東軍について勝ち馬に乗る手もあったのですが、敢えて三成との義に殉じます。

裏切り者が横行した関ヶ原の戦いで、その忠節は世の人の胸を打ちました。

回 大谷吉継の辞世

契りあらば　六つの巷に待てしばし　後れ先立つことはありとも

（縁があるのだから、来世の入り口でしばらく待っていてくれ。どちらが先になるかあとになるかだけだ）

句の意味としてはこうなるのですが、これは誰かに呼びかけるというか応えているような内容です。実はこれは、関ヶ原の戦いでともに西軍の将として戦った、平塚為広《ためひろ》の句に応えたものなのです。

では為広の句とはどのようなものでしょう。

名のために　棄つる命は惜しからじ　終にとまらぬ浮世と思へば

（武士として名を残すためなら、命を捨てることなど惜しくはない。永遠に生きられるわけではないのだから）

これが為広の辞世ですが、この詩の「名のために」の所を「君がため」とする説もある

契りあらば
六つの巷に
待てしばし
後れ先立つ
ことはありとも
忠義の男
大谷吉継
サッ

のです。そうなると俄かに親密さが増して来ますが、この二人には男色の関係も噂されています。

「私は先に行く」と言って寄こした為広に「契った仲だから六道の辻で待っていてくれ」と吉継が応えている、死を前にした「相聞歌」です。

秀吉死後の吉継

1598年、豊臣秀吉が亡くなります。

秀頼を頼むとの懇請を受けていた徳川家康ですが、そんなこともお構いなしの振る舞いが目立つようになります。前田利家が亡くなり、残った五大老の上杉景勝・毛利輝元・宇喜多秀家が国元へ帰ってしまうと、後は家康の独壇場です。

1600年、上杉景勝が家康の度重なる上洛要請にも応じないのを、家康は「上杉謀反」と言い立てます。追討軍を起こし諸将に出陣を命じました。大谷吉継はこの要請に応じ、兵を率いて敦賀を出立します。

吉継は、美濃に到着すると家康の命令で佐和山城に隠居中だった石田三成に使者を送り、三成の息子に同行するよう提案しました。

吉継と三成は同じ近江出身ともされ、朝鮮渡海軍の戦奉行をともに務めるなど職務の上でも親しくしていて、三成の数少ない友人の一人でした。

◎三成の覚悟

ところが吉継の宿所に逆に三成からの使いの者が訪れ、佐和山城へ寄ってくれるよう告げます。聞けば三成は密かに、家康打倒の兵を挙げようと考えているらしいのです。

驚いた吉継は急いで佐和山城に三成を訪ね、とても家康にはかなわぬこと、諸将の支持も得られぬことを説いて、挙兵を思いとどまらせようとします。

家康は関八州を治める大大名、それに引き換え三成の領地は約20万石に過ぎません。実戦の経験も全く違います。ところが三成は吉継の諫めを聞くどころか、逆に挙兵への助力を求めて来ます。

ここで吉継は、三成の願いを聞き入れてしまうのです。

どう考えても勝ち目はない、無謀な旗揚げだ。何よりもお前には人望が無いから、人は集まらないだろうとまではっきり言って、思いとどまらせようとしました。しかしそれでも譲らない三成に対し、最後には味方することを約束します。

吉継の決断を聞いて三成は大いに喜び、側近の島左近や、居合わせた安国寺《あんこくじ》恵瓊《えけい》も加えて戦略を練り始めます。

この時佐和山城にはもう一人の男が居ました。

これが美濃垂井城主の平塚為広です。

為広ももちろん吉継と共に、三成を説得しようとしました。

しかし聞き入れられることはなく、最後には三成がそこまで覚悟を決めているならと、助力を約束します。

為広は三成に説得されたというよりは、むしろ吉継が三成に付いたので行動をともにしたようです。

◎平塚為広の死

家康を大将とする東軍と、三成を実質的な大将とする西軍は、関ヶ原で向かい合います。吉継の軍は為広隊を組み入れて、松尾山の麓藤川台に布陣します。裏切りが疑われる小早川軍が松尾山に陣取ったので、その行動を抑えるための布陣でした。

早朝三成本陣の笹尾山に東軍の先鋒が襲い掛かり、戦端が開かれます。

戦局は一進一退で経過していきますが、昼頃その去就を疑われていた小早川1万5千の大軍が、松尾山をかけ下り大谷軍を襲います。

一時は小早川を押し返した大谷・平塚隊ですが、自軍の配下に在った小川・赤座・朽木・脇坂らの寝返りにもあい、軍は壊滅していきます。

この時、為広は辞世の句を吉継に送り、その後切り死にをしました。

◎吉継の最期

以前から患っていた病が進み、顔がただれ、目も見えなくなっていた吉継ですが、四面をとりはずした輿に乗り戦場へ臨んでいました。傍に付き従う小姓から戦況を聞き、戦闘の指揮を執っていましたが、四方を敵に囲まれもはやこれまでと覚悟を決めます。

崩れた自分の顔を人目に晒したくないと、小姓の湯浅五助に命じました。

「汝介錯をいたして、我が首を決して敵に渡すな」そう言い置き腹を十文字に掻き切ります。

五助は命じられた通りその首を打ち落とし、従者に渡して羽織につつみ、近くの田の中に埋めようとさせました。

そこへ東軍藤堂高虎の甥、藤堂仁右衛門に見つかってしまいます。

五助は仁右衛門に向かい「主人の最後の願い、我が首を取って主人の首は見逃したまえ」と願います。

小姓の首と吉継の首では、全く値打ちが違います。しかし仁右衛門はこの願いを聞き入れ、五助の首を討つだけに留めました。

茶会の話

1587年、大坂城で豊臣家方武将たちを招いて茶会が開かれます。

吉継も出席しますが、すでに当時天刑病《てんけいびょう》と言われた病は進み、侵された顔を隠すための頭巾を深くかぶっていました。

茶会は進み、一椀の茶を皆で回し飲みします。

吉継も口を付けますが、その時自分の顔から滴り落ちた膿が、ポタリと一滴茶碗の中に入ってしまいました。自分が口を付ける前なら良かったのです、そのまま自分で飲んでしまえば良いのですから。しかし吉継はもう茶を飲んでしまっていました。2度口を付けるのは作法に反します。

どうにもできず震える手で畳に置いた茶碗に、横合いからすっと誰かの腕が伸びました。その腕は自分の口元に茶碗を持って行くと、ためらう素振りも無く、ゴクリと一気に飲み干してしまいます。

「誰じゃ?」そっと窺った吉継の目に映ったのは、何事も無かったような石田三成の横顔でした。

「儂《わし》はこの男のために死のう」吉継が心に決めた瞬間でした。

有名な「吉継茶会事件」の話ですが、これはおそらく後世の創作でしょう。

家康とも親しく交わっていた吉継、関ヶ原の戦いで東軍に付いて生き延びる道も選べました。敢えて西軍についた吉継の心情を理解するために、後世の人はこのような話を考えたのかもしれません。

宇喜多秀家

種や植えけんこの寺へ

今回は、宇喜多秀家の辞世の句について紹介します。宇喜多秀家は若くして太閤秀吉に寵愛され、一時は豊臣政権の若き五大老にまで上り詰めます。しかし最後は絶海の孤島で生涯を閉じるという、浮沈の激しい一生でした。

◎宇喜多秀家の辞世の句

み菩提の　種や植えけんこの寺へ　緑の松のあらん限りは

（私の菩提を弔ってくれるこの寺へ、永遠の縁を伝える松の種を植えよう。仏と縁を結んだ私の長い一生の証に）

仏との縁を詠った穏やかな辞世らしい句です。ここに詠われているように、宇喜多秀家は長い人生を生きました。関ヶ原の戦いに参陣した大名の中では一番最後まで生き残り、84歳でこの世を去ります。しかし人生の後半の50年間は、八丈島の流人生活という不自由な暮らしでした。

天下人秀吉に寵愛され、五大老にまでなった秀家の後半生に何があったのでしょう。

秀家誕生

宇喜多秀家は１５７２年、石山城城主・宇喜多直家の次男として生まれます。

１５８２年に織田信長より本領を安堵され、家督を継ぎました。直家は、これから宇喜多家は織田家に隷属して生きねばならぬと見抜いていたようで、秀家を織田家の人から愛されるような少年に育てました。ただそれが過ぎたようで、苦労知らずのお坊ちゃんに育っ

み菩提の
種や植えけん
この寺へ
緑の松の
あらん限りは
織田家にも
秀吉にも愛された
宇喜多秀家
イケメンだった?!
最後は
八丈島で死す。

てしまい、人間の負の感情があまり理解できないようでした。

信長亡きあと宇喜多家は秀吉の指揮下に入りますが、秀家はまだ年若く周りの家臣たちが支えていました。

豪姫との結婚

そんな秀家にも結婚の話が持ち込まれます。相手は前田利家の実の娘で、秀吉の養女になっていた豪姫です。

秀吉は可愛がっていた豪姫の婿である秀家に、何かと良くしてやりました。それは年若く先の長い秀家に、幼い秀頼を助け、将来の豊臣家を支えて欲しいとの思いからです。

1598年、秀家は徳川家康・前田利家・毛利輝元・上杉景勝らと共に、最年少の五大老になります。

しかし、同年に豊臣秀吉がこの世を去ると順風満帆だった秀家の運命に影が射し始めます。

1599年末には早速宇喜多騒動が勃発します。

秀家と宇喜多家の重臣たちとの対立ですが、この騒動で直家以来仕えて来た家臣団や、一門衆の多くが宇喜多家を去りました。彼らは戦や家中運営を中心になって担っていた優れた人材で、この騒動がその後の宇喜多家の衰えにつながります。

逃亡生活

1600年の関ヶ原の戦いで、西軍の大将格となった秀家は、よく戦いますが大勢は覆らず敗北、逃亡生活が始まります。

戦場を離脱した秀家は、わずかな手勢を引き連れて伊吹山山中を彷徨いました。危機的状況もありましたが匿う者もおり、近江から大津・醍醐を抜けて、伏見からは船で淀川を下り大坂へ逃れます。その間にも西軍に与した諸大名には、打ち首や改易・減封の処分が下されていました。

秀家は豊臣を慕う気風の濃い上方に潜伏を続けていましたが、いつまでもはもちません。家臣の進藤氏が、薩摩の島津の元へ逃がそうと考えました。この上方での潜伏中は、妻の里である前田家の助けがあったようです。

秀家薩摩入国

1601年、秀家は無事薩摩へ入国します。船で瀬戸内海を通ったようで、到着したのは薩摩半島の南の端、鹿児島県指宿《いぶすき》市です。島津忠恒は後に秀家の入国を「不意にこの国へ走り入られ候」と述懐しているように、秀家の亡命は唐突なものでした。進藤氏から秀家亡命を持ち掛けられた時、忠恒は父義弘・伯父義久と相談を重ねます。

実質的に天下を掌握しつつある徳川が追っている亡命者ですし、島津自身が徳川との和議を結んでいません。自分たちも、処分をまぬがれたままの宙ぶらりんの状態でした。そこへ受け入れるのですから慎重を期さねばなりません。相手は元五大老の大物です。相談を重ね占いまでして受け入れました。

秀家は薩摩では、桜島を一望する大隅牛根（現在の鹿児島県垂水市）に住まいを与えられました。

島流し

1602年、徳川との講和を結ぶため忠恒が上洛し、島津氏の本領が安堵されます。同時に秀家の助命交渉が始まりました。

1603年、秀家は護衛役と交渉役を伴って、薩摩を出立します。京都伏見に到着した秀家は、各方面に助力を願います。忠恒も一命は助けられたいと諸方に協力を求めました。

家康は秀家を駿河国に移しましたが、長くは続きません。1606年、秀家の八丈島流罪が決定しました。まだ35歳の若さでした。

秀家とともに八丈島へ向かったのは、二人の息子秀高・秀継や、従者を含め計13名です。島では「宇喜多流人」と呼ばれ、島の代官とも交流を持ち、時には宴席に呼ばれるなど特別待遇を与えられます。とは言えその生活は厳しく、当時の八丈島では米がとれず、彼らの生活は旧臣や親族などゆかりの人々からの援助が頼りでした。

宇喜多家が没落したあと秀家の妻豪姫は、高台院の北政所の元で暮らしていました。八丈島での秀家たちの生活を支えたのは、主に前田家からの物資で、一年おきに白米70俵と金子・薬・剃刀・扇子など、島で手に入れ難い生活物資を送っています。

しかし島からは、機会を捉えては前田家へ援助願いが届きました。加賀藩も時には「またぞろ」などと呆れています。

八丈島へは「八丈島御用船」という便船が通っていましたが、海が荒れれば便船は欠航します。秀家たちの生活は常に飢えとの戦いでした。

徳川に仕える気なし

島での暮らしは相当厳しかったようで、ある時福島正則の酒を運ぶ途中の船が嵐にあい、八丈島に流れ着きました。するとどこからともなく男が現れ、酒を分けてくれと頼み込みます。

その男とは実は秀家その人で、福島の家臣はかつての五大老の、変わり果てた姿を哀れみ、酒一樽に干し魚を添えて贈りました。

三代将軍家光のころ、加賀藩主前田利常《としつね》の使いの者が訪ねてきて、赦免を願い出てはどうかと伝えました。徳川の天下も安泰し、時も過ぎた今なら許されるだろうと踏んだのです。

しかし秀家は「徳川に仕える気などない」とこれを断り、釣りに興じる日々を送りました。

自然豊かな八丈島で84歳の長寿を保ち、１６５５年に亡くなります。

法名は尊光院《そんこういん》、死因や最期の状況は伝わっていません。

伊達政宗

浮世の闇を照らして

最後は伊達政宗の辞世の句を紹介します。
風流の心得ある戦国武将の中でも、一、二を争った伊達政宗。彼はどんな辞世の句を残したのでしょう。

回伊達政宗の辞世

曇りなき　心の月を　さき立てて　浮世の闇を　照らしてぞ行く

（私の心は曇りのない夜空に浮かぶ月のようだ。その心を以って浮世の闇を照らしてきたものだ）

独眼竜といわれ、何かと物議をかもす生涯を送った政宗にしては、穏やかな歌いぶりです。どのようにしてこのような心境に辿り着いたのでしょう。

最後の狩り

1634年ごろから、身体の不調を覚え始めた政宗、このころ68歳ですからそろそろ自分の死期を意識し始めます。

1636年正月になっても不調は続きましたが、側近たちが気晴らしにと鹿狩りを計画します。もとより狩り好きの政宗、家臣たちの心遣いをありがたく受けます。

駆り立てる勢子《せこ》を5千人も集める、大掛かりな狩りになりました。家臣たちの気の入れようが分かりますね。

「この度をこの嶋の御名残と思召し候」などと書かれています。

つまり今回を、この地で催す最後の狩りだと思うと言うのです。

また「こなたにかまはず人々も鹿をもとめてなぐさむべし、勢子のものどもも骨折るべ

曇りなき
心の月を
さき立てて
浮世の闇を
照らしてぞ行く
風流な
伊達政宗

し」とも言っています。「儂にかまわず皆も鹿狩りを楽しむように、勢子も頑張ってくれよ」というわけです。

政宗この時70歳、人生50年と言われた当時、充分に長生きしていました。

◎白い鹿

さて狩りの日の当日政宗は、「自分にかまわず」と言った通り、皆が懸命に獲物を追う様子を眺めていました。その目の前を三頭の鹿が走り抜けましたが、何とその中の一頭は純白の鹿でした。

「あれを捕らえよ」政宗は叫びます。

家臣たちはいっせいに追い詰めますが、二頭には逃げられてしまいました。しかしまだ白い鹿は残っています。政宗は供の者に持たせていた鉄砲を取り上げ狙いすまして発射、轟音がとどろき白鹿は倒れました。

古来白い獣は神の使いと言われ、馬でも蛇でも鹿でも白い体色のものは神聖視されます。それを殺してしまったのはどうかと思いますが、家臣たちは政宗の気力が戻って来たと喜びました。

しかし、実際にはこの4ヶ月後に彼は亡くなってしまいました。

辞世の句

狩りの翌日は雨でした。政宗は宿に逗留し雨音を聞きながら、そば近く仕えるものだけを相手に「各々聞き候らへ」と話し始めます。

「皆の者聞いてくれ、人は死ぬとき遺言や辞世の歌を残すものと聞いている。最近儂は、ひとつの歌がしきりに心に浮かんでならぬのだ」「おそらくそれが儂の辞世の歌となるのだろう」そして紙に書きつけたのが、冒頭でご紹介した「曇りなき…」の句です。

この詩だけを見れば、すでにこの世への執着を捨てた澄んだ心が詠われていますが、政宗自身はまだ心残りがありました。それは「まだ馬にも乗れるのに公方様（将軍）のお役にも立てず、むざむざ畳の上で死ぬるは、何とも口惜しきこと」と言うのです。1636年と言えば関ヶ原の戦いより36年、大坂冬・夏の陣からでも20年以上経っています。

世は三代将軍家光の時代になり、刀や鉄砲の響きは遠ざかっていました。しかし戦国の世を生き抜いた政宗にとって、公方様へのご奉公と言えば、戦場が想定されたのでしょう。

⓪今は平和な世であるが

政宗は続けて「年若き子ども孫にも、戦のすべを見せ知らせ、むまれかわりの侍どもをも、とりかい言い含め」と述べます。

年若い本当の戦場を経験していない者たちに、自分のような経験者が、戦の本当の事を伝えておかねばならないと、少し焦っています。

政宗は、今現在は平和の世が続いているが、またいつ何時戦いの世がやって来るかもしれぬと、本気で心配していたようです。

また「むまれかわりの侍ども」とは、生まれ変わって再びこの世に生を受けた侍たちの事で、自分が指揮を執った戦で、死なせてしまった将兵にも言及しています。

この後、「死ななくともよい場面で死んでいった者たちもいる。せっかくこの世に再度生まれて来れたのに、同じ轍を踏んではならない」「私のような戦巧者が、身の処し方をしっかり伝えねば」と、ここでも焦っています。

悟ったような辞世の句とは相容れないようですが、こちらが政宗の実感だったのかもしれません。

覚悟の江戸行き

1636年4月18日、政宗は母・義姫《よしひめ》の眠る保春院へ出向いた後、久しぶりに城下巡りを楽しみました。経ヶ峰に来るとその場に杖を立て「儂が墓所はここにいたせ」と命じます。そこは広瀬川を挟んで、仙台城本丸と向かい合う場所で、政宗の死後瑞鳳殿という霊廟が建てられました。

そして20日には江戸へ向かって出発しています。本来は5月初めの参勤交代でしたが、自身の体調を考えて、5月では無理であろうと判断しました。

「今以上に気力・体力が衰えぬ先に江戸へ下り、将軍家には致仕の御許しを貰い、東西の諸大名方とも最後の挨拶を交わしたい」と言っています。政宗は家康と同じようにかなり医学の心得があったようで、自身の死期が迫っていることもわかっていたのでしょう。

片倉小十郎との別れ

やがて行列は宮城県南部の白石に到着します。ここで一泊するのですが、白石城を預かっているのは片倉小十郎でした。彼は政宗とともに戦国の世を駆けた、景綱小十郎の息子です。小十郎は政宗のために夕餉の膳を用意しますが、疲れ果てた政宗は席につくことができずそのまま寝てしまいます。小十郎も政宗の容態は承知していましたが、せっかくの膳を食べてもらえず気落ちします。

しかし翌朝政宗は書院の間まで出向き、小十郎を召し出し言葉を交わしました。どうも小十郎は一時家中での評判を落としていたようで、政宗はその面目を回復してやろうと考えました。体調のすぐれぬ自分が、わざわざ小十郎を召して、皆の前で親しく言葉を交わすところを見せたのです。

白石の町はずれまで見送った小十郎、政宗は乗り物をとどめて小十郎を呼び寄せその手を取ります。「息災でいるように、国の留守は任す。生きて会うことは難しいかもしれぬ」自身の寿命に言い及び、政宗は初めて人前で涙を見せます。

小十郎も声を上げて泣きました。

◎徳川家光との対面

4月28日、政宗の一行は江戸に到着します。すぐに土井利勝へ使いを出し、将軍家への取り次ぎを頼みました。

翌朝には松平信綱を使いに立てて、家光の言葉が届けられます。この対応の速さは、家光の政宗への敬意の表れです。

家光は「暑さの中江戸までの道中は大変だったでしょう。一休みして体をいたわってから対面いたしましょう」と言ってきました。

しかし政宗は「有難きお言葉なれど、体調が差し迫っています。5月1日のお目通りを願いたい」と返事します。

政宗の願いはすぐに聞き届けられ、5月1日の登城が許されます。

諸大名を退出させたのち、家光と親しく語らった政宗、宿へ下がると追いかけるように、家光から鶉《うずら》と雲雀《ひばり》が届けられます。

「滋養のあるものを食べて、回復するように」です。

つづいて、将軍家侍医も診察にやって来ました。家光からは「それほどの病を押して参勤してくれた事、ありがたく思う」との言葉がありました。

この言葉のために、政宗は命を懸けて江戸までやって来たのです。

◉夫人愛姫

5月も20日ごろになると、政宗の容態はいよいよ予断を許さぬものになってきます。

この前後ぐらいから政宗の元には、ある「願い状」が続々と届きます。家臣からの「殉死願い」です。

政宗はことごとく退けましたが、その命を聞かず殉死を遂げた者も、20名ばかりいました。

23日、政宗の顔色が前日より少し良くなります。これを聞きつけた夫人の愛姫が「お目にかかりたい」と言ってきました。それまで政宗は「病気にやつれた姿は見せられぬ」と面会を断っていたのです。

そして政宗はこの時も「やはりやつれた姿ではお目にかかれぬ」と断り、最後まで対面することなく終わりました。

◎臨終

5月24日の明け方、目覚めた政宗は「何時じゃ」と尋ねます。

「はや明け方近く」との答えに、「ちしごの時来たり」と言いますが、「ちしご」とは「知死期」です。

自分を寝床から起こし座らせるように命じ、身なりを整え、特に寝乱れた髪を梳《す》くように言います。傍のものが言葉通り政宗を起き上がらせます。

しかしその体はぐらりと傾き、駆け付けた侍医に抱き留められ、その手に支えられて息を引き取りました。

政宗の臨終です。

将軍家からもすぐに使いがやってきて、将軍の嘆きの言葉を伝えます。

遺体は朱と水銀と石灰・塩で固められ、束帯の装束を着せられ、生前と変わりない行列を仕立てて仙台へ帰って行きました。

道中道筋道筋の大名・町衆・百姓が、食事や泊り処・警護の衆を用意し、道を掃き清め、川越えでは競って船を出して便宜を図ります。

城主の中には自ら街道筋まで出てきて、乗り物

を拝むものも居ました。

領国が近づくにつれ、人々はせめて乗り物を担がせて欲しいと駆け寄るなどして、政宗公を偲びます。

乗り物は仙台の覚範寺に担ぎ込まれ、清岳和尚に出迎えられます。

政宗の文字通り命がけの最後のご奉公が終わりました。

著者プロフィール

歴史の細道チャンネル

歴史系の人気YouTubeチャンネル。登録者数は16万人以上。教科書で習うような歴史の本流から少し外れたエピソードを紹介して人気を博している。

知らない日本史

戦国〜江戸時代 編

2023年7月31日　初版第1刷発行

著　者　　歴史の細道チャンネル

発行者　　角竹輝紀
発行所　　株式会社マイナビ出版
〒101-0003　東京都千代田区一ツ橋
2-6-3 一ツ橋ビル2F
電　話　　0480-38-6872（注文専用ダイヤル）
03-3556-2731（販売部）
03-3556-2735（編集部）
URL : https://book.mynavi.jp

漫画・イラスト　野田節美
装　丁　　石川健太郎（マイナビ出版）
編　集　　島田修二（マイナビ出版）
印刷・製本　　中央精版印刷株式会社

　ISBN978-4-8399-8230-0